《中华文明史话》彩图普及丛书

 天 坛 史 话

《中华文明史话》编委会　编著

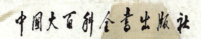 中国大百科全书出版社

图书在版编目(CIP)数据

天坛史话 /《中华文明史话》编委会编. —北京:中国大百科全书出版社,
2016.1

(中华文明史话:彩图普及版)

ISBN 978-7-5000-9692-4

Ⅰ.①天⋯　Ⅱ.①中⋯　Ⅲ.①天坛 - 史料　Ⅳ.①K928.75

中国版本图书馆CIP 数据核字(2015)第 296160 号

丛书责编:胡春玲　　马丽娜
责任编辑:冯　蕙　　弓秀英
技术编辑:尤国宏　　贾跃荣
责任印制:邹景峰

中国大百科全书出版社出版发行

(北京阜成门北大街17号　邮政编码:100037　电话:010-88390317)

http://www.ecph.com.cn

新华书店经销

三河市兴国印务有限公司印刷

开本:720×1020　1/16　印张:6.5　字数:78千字

2016年1月第1版　2018年11月第4次印刷

ISBN 978-7-5000-9692-4

定价:24.00元

《中华文明史话》编委会

主　　编：龚　莉

副 主 编：辛德勇

编　　委：唐晓峰　　韩茂莉　　钟晓青
　　　　　吴玉贵　　彭　卫

《天坛史话》
本 书 编 撰：张晶晶

序

北京大学教授 辛德勇

　　我不是一个科班出身的历史学工作者，基础的中国历史知识，几乎全部得自学。所谓"自学"，也就是自己摸索着读书。在这个过程中，一些篇幅简短的历史知识小丛书，给我提供过非常重要的帮助，是引领我步入中华文明殿堂的有益向导。按照我所经历的切身感受，像这样简明扼要的小书，对于青少年和其他普通读者了解中国的历史文化，应当会有更大的帮助。现在摆在读者面前的这套《中华文明史话》彩图普及丛书，就是这样一部中国历史知识系列专题读本。

　　编撰这样的历史知识介绍性书籍，首先是要保证知识的准确性。这一点说起来简单，要想做好却很不容易。从本质上来讲，这是由于历史本身的复杂性和认识历史的困难性所造成的，根本无法做到尽善尽美；用通俗的形式来表述，尤为困难。好在读者都能够清楚理解，它只是引领你入门的路标，中华文明无尽的深邃内涵，还有待你自己去慢慢一一领略。

这套《中华文明史话》彩图普及丛书，在首先注重知识准确性的基础上，编撰者还力求使文字叙述生动、规范，深入浅出，引人入胜；内容则注重富有情趣，具有灵动的时代色彩，希望能够集知识性、实用性、趣味性和时代性于一体；选题则努力契合社会公众所关注的问题；同时选配较多图片，彩色印刷，帮助读者更为真切地贴近历史。

生活在物质文化高度发达的当代社会而来学习久已逝去的历史知识，经常会有人提出为什么要读这些书籍的问题。中国古代士大夫对历史知识价值的阐释，是"以史为鉴"，即在现实社会生活中特别是处理政务时借鉴历史的经验。历史知识这一功能，直到今天，依然存在，但并不是与每一个人都有直接的关系。对于大多数社会普通民众，尤其是对于青少年朋友来说，我想，历史知识虽然既不能当饭吃，也不能当衣服穿，但却是人类精神不可或缺的基本营养要素。读史会使人们的头脑更为健全，智慧更为发达，情操更为高洁，趣味也更为丰富。

2012 年 4 月 4 日

CONTENTS

引 言

天坛，始建于明永乐十八年（1420），是明清时期皇帝祭天、祈谷及求雨的皇家专用祭坛。中国古代祭天的历史可以追溯至远古时期，传说黄帝时期就已经有祭天的行为。西周以后，祭天作为皇帝的专属权力，一直以来受到无以复加的礼遇。

天坛占地达 273 万平方米，是目前世界上现存规模最大、保存最完整的古代祭天建筑群，也是中国祭天文化最具象的代表作。其严谨有序的建筑布局、独树一帜的建筑形式、寓意深远的建筑规制，使其成为中国建筑艺术中的杰出代表，在中国古代建筑史上占据着尤为重要的地位。

天坛整体布局北圆南方，象征天圆地方。两道坛墙将其分为外坛、内坛。天坛的建筑虽不属同一时期建成，却规划合理、严谨，除位于坛域西南角的斋宫、神乐署外，其他建筑多集中分布在贯穿天坛南北的主轴线上，北端为祈谷坛，主要有祈年殿、丹陛桥、牢牲亭、神厨、长廊等建筑，南端为圜丘坛，主要有圜丘、回音壁、牢牲亭、神厨等建筑。各组建筑互不统属，各自独立，形成错落有致、遥相呼应的格局。

天坛除了以古建筑取胜之外，坛内还分

布着北京市区面积最大的古柏绿地，成为另一道引人入胜的亮丽风景。天坛现存古柏 3 500 余株，这些古柏多植于明清时期，其盘虬卧龙的枝干见证了天坛 500 多年的历史。漫步其间，人们不仅能够呼吸到清新的空气，还能领略天坛郊野祭天的独特意境。

天坛拥有精美的祭天建筑、深厚的文化底蕴、价值连城的文化宝藏。1998 年 12 月，联合国教科文组织世界遗产委员会根据以下文化遗产标准将天坛列入《世界遗产名录》：

标准一，天坛是建筑和景观设计之杰作，朴素而鲜明地体现出对世界伟大文明之一的发展产生过影响的一种极其重要的宇宙观。

标准二，许多世纪以来，天坛所独具的象征性布局和设计，对远东地区的建筑和规划产生了深刻影响。

标准三，两千多年来，中国一直处于封建王朝统治之下，而天坛的设计和布局正是这些封建王朝合法性之象征。

世界遗产委员会还对天坛做出了评价："天坛建于公元 15 世纪上半叶，坐落在皇家园林当中，四周古松环抱，是保存完好的坛庙建筑群，无论在整体布局还是单一建筑上，都反映出天地之间的关系，而这一关系在中国古代宇宙观中占据着核心位置。同时，这些建筑还体现出帝王将相在这一关系中所起的独特作用。"

一

探史溯源话天坛

北京天坛是明清时期的帝王举行祭天大典的场所，距今有近 600 年的历史，但追溯祭天活动的历史，最远可推至远古时期，而具体有文字记载的则可推至西周时期。在漫长的历史长河中，祭天活动也经历了几千年的历史变迁，却从未被终止，而是被一代代封建帝王所尊崇，一直延续至清朝灭亡，成为统治阶级彰显最高统治权的重要形式。天坛是中国古代封建帝王祭天的最后一处遗址，也是目前世界上保存最完整、规模最大的祭天建筑群，它凝聚了中国古人无限的聪明才智，是了解中国传统文化的重要窗口。

1. 天坛祭天的由来

祭天的行为最早可追溯至远古时期。当时生产力低下，人类不具备科学的认知，无法解释自然界的风云变幻、昼夜更迭、天灾异象等，于是，原始先民们产生了自然崇拜，认为自然界中一定存在神灵，冥冥之中掌控着人世间的一切。这些神灵既哺育了人类成长，又给人类的生存带来威胁；人类感激这些神灵，同时也对它们产生了畏惧，因而对众多的神灵顶礼膜拜，求其降福免灾。最具权威的神灵就是天神，原始先民的思维里已存在对于天之超凡神力的崇拜。据中国原始文化考古遗址发现，早在距今 18 000 年前的山顶洞人时期，我国已有祭天的活动。中国古代宇宙观最基本的三要素是天、地、人，《礼记·礼运》称："夫礼，必本于天，肴于地，列于鬼神。"《周礼·春官》记载，周代最高神职"大宗伯"就"掌建邦之天神、人鬼、地示之礼"。《荀子·礼论》也说："上事天，下事地，尊先祖而隆君师，是礼之三本也。"

祭天活动与中国传统农业社会的特点密切相关，中华民族典型的农耕文明使得中国古人一直靠天吃饭。在古代，作物的生长主要依靠天，若风调雨顺，则五谷丰登；反之，则颗粒无

● 中国古代原始祭天乐舞

一

探史溯源话天坛

收，百姓困苦。因此，人们对于天的依赖具有深刻的现实背景和需求。为了得到生活的保障，古人将庄稼收成的好坏寄希望于天，希望通过祭天得到天神的庇护保佑，让天神赐福于人间，滋润万物生长。

自西周以来，我国古代社会逐渐形成了一套系统而规范的祭天体系。古人认为"日冬至则一阴下藏，一阳上舒"，意思是每年的冬至那一天是一年之中阴气收藏、阳气升发的日子，冬至日为"一阳资始"，因而西周时期就规定"冬日至，祭天于地上之圜丘"，以后的朝代祭天也基本遵循了周朝制度。

2. 祭天场所的选择

祭祀，一定要选在某个地点举行。然而，早期的祭祀并没有固定的场所，随时随地均可祭献。随着祭祀制度的规范化，

● 古代祭坛(东山嘴遗址)

固定的祭祀场所才逐步出现。最初的祭祀场所是比较简单的，如祭天，或在高山上，或在大树下，或在水边，或在杆下。后来为了表示对神灵的虔诚，人们修建了神庙或祭坛。

至后来祭天选定在郊外，因而祭天又称郊天，祭天的场所称为祭天坛。坛，在《礼记·祭法》中注：“封土为坛。”即用土石堆砌成一个高出地面的祭坛。坛的形状因祭祀对象的不同而各异。祭天之坛为圆形，取其形像天圆之意，古称“圜丘”；坛的高度和宽度因时间、地点、等级而不相同。坛通常位于城郊，偶尔也有设于山上的。秦汉时期的封禅礼，即是在泰山顶封土为坛以祭天，称为“封”；在梁父山扫地为埠以祭地，称为“禅”；合称为“封禅”。

《周礼》云：“营国，左祖右社，明堂在国之阳。”自有都城以来，凡祭天，都选在都城的南方，以取《周礼》“国之阳”之意。《周易》认为，宇宙间有“天、地、人”三才，天在上，地在下，人在天地中间。乾卦是天的代表，坤卦是地的代表，在平面方位的分布上，乾卦的“先天方位”在南，坤卦的“先天方位”在北，所以天、地、人三者的位置是天在南，地在北，人在南北之间。因此，祭天场所定在都城之南。自东晋晋元帝司马睿建都建康“立南郊于巳地”后，丘郊之坛开始立于都城的东南方。以后历代也多选东南方立坛。明清天坛的位置坐落在紫禁城的东南方位，正符合了“国之阳”的标准。

3. 天坛名称的由来

天坛作为明清帝王祭天的专用场所，其名称经历了不断的历史演变。现在的天坛是指天坛公园的管辖范围，主要包括圜丘坛、祈谷坛等建筑。然而在明朝，天坛最初仅指圜丘，随着后来祭天建筑不断改制扩建，其范围才逐渐扩展开来，用来指

称整个祭坛。

　　早在明朝定都南京之时，明太祖朱元璋即在南京钟山之阳建圜丘，用来举行祭祀天地之大典，后太祖建圜丘大祀殿，为天地坛的主体建筑。明永乐十八年（1420），朱元璋之子朱棣迁都北京，仿照南京天地坛的规制，重建了北京天地坛，并建大祀殿。后嘉靖皇帝推崇四郊分祀，即将天、地、日、月分开来祭祀，于是颁诏在大祀殿之南建圜丘以祭天。嘉靖九年（1530）谕旨："南郊之东坛名天坛。"从而确定了圜丘之名为天坛。

● 清代圜丘郊祀图

 4. 天坛的建筑布局

　　天坛作为明清时期封建帝王祭祀皇天上帝的祭坛，其建筑布局中蕴含着丰富的天地和谐的寓意，充分体现了古人对天体的认识，反映了朴素的宇宙观。天坛由内、外两道坛墙组成，明永乐时期天坛初建时称天地坛，用于天地合祀，两重坛墙均被修成北圆南方的形式，象征天圆地方。这种坛墙形式为其他建筑所没有，被称为"天地墙"。

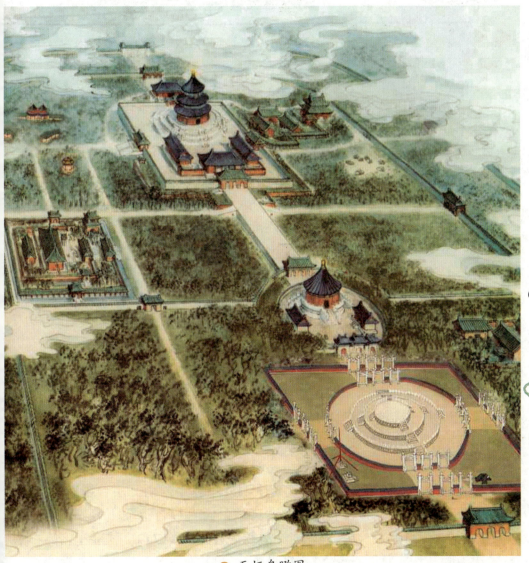

● 天坛鸟瞰图

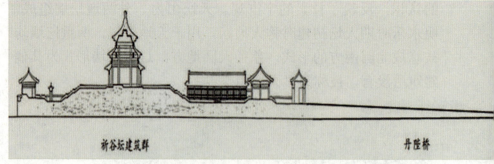

祈谷坛建筑群　　　　　　　　　　　　　　　　　丹陛桥

● 天坛中轴线剖面图

　　天坛的主要祭祀建筑沿中轴线南北分布。这条中轴线其实并不居中，而是处于偏东的位置。明清举行祭祀大典时，皇帝要从天坛西部的祈谷坛进入，这种中轴线偏东的格局使人步入祭坛后到达中轴线的距离拉长，有效地延伸了空间，营造出祭坛幽远深邃的氛围和意境，使参祭人员的虔敬之情油然而生。

　　天坛建筑高度自南向北呈逐渐增高的态势。圜丘通高 5.17米，皇穹宇通高 19.20 米，祈年殿通高 38 米，几组主体建筑由南至北渐次升高。由南向北眺望，祈年殿仿佛在天的尽头，行走在轴线上，有一种逐渐步入天境的感觉。中轴线南北分别是圜丘坛和祈谷坛，这也是天坛的两大主要建筑群。连接二者的是长 360 米、宽 29 米的丹陛桥，丹陛桥使得天坛虚而无形的中轴线变成了一个实而有形的存在，这种巧妙的建筑构思在中国古代宫殿建筑中绝无仅有。且丹陛桥南低北高，也营造了由南向北逐步升高的意境。这种意境与天坛祭天的氛围非常协调，表现出"天"的神秘圣洁和悠远无垠。

　　天坛圜丘坛和祈谷坛两组建筑的形制和高度也营造出独特的空间效果。南部的圜丘坛初建于明嘉靖九年，由三层台组成，主要用以每年冬至日举行祭天大典，台面直径自上而下分别达5 丈 9 尺、10 丈 5 尺、22 丈。清乾隆十四年（1749），乾隆皇帝认为圜丘坛台面过于狭窄，搭设幄次、陈放祭器、上下行礼时

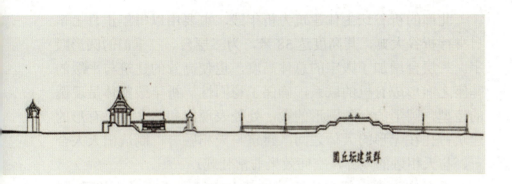

圆丘坛建筑群

均有所不便，应该加宽，于是下令以"九五之数"对圆丘坛台面进行拓宽。改建后的圆丘坛台面直径分别变更为9丈、15丈、21丈，台面的拓宽，使台势平缓宽敞，使用方便，越发营造出"圆丘祀天，宜即高敞，以展对越之敬"的空间效果，天人相通的意境也由此而生。

● 圆丘俯视图

　　北部的祈谷坛主体建筑为祈年殿，主要用以每年正月上辛日举行祈谷大典，其高度达 38 米，为三层台、三重檐的圆形殿宇。三层台增加了殿宇的总体高度，也使高耸的建筑与平缓的基座之间形成有机的联系，确保了稳固性。祈年殿整体呈现圆的造型，圆形的台、圆形的殿，处处表现出和谐之美。有形的建筑衬托在无形的天体之间，建筑与天相融合，制造出天人合一、与天相融的境界，空间效果非常壮观。

　　天坛作为郊坛祭祀建筑，"郊"的氛围的营造非常重要。天坛面积达 273 公顷，祭祀建筑仅占十分之一，《日下旧闻考》中记载"坛之后树以松柏"，天坛现存古柏 3 500 余株，尤其是在圜丘坛、祈谷坛两侧种植了大面积的常绿树木，其他附属建筑则隐蔽其中。大面积的绿色空间环绕着圜丘、祈年殿，突出了郊坛祭祀有"丘"且洁的效果，营造出自然与人和谐共存的郊野意境。

● 天坛古柏

二

五谷丰登祈谷坛

祈谷坛是天坛建筑群中历史最悠久的一组建筑，位于天坛的东北部，南北中轴线的北端，是天坛主要古代建筑景观之一。祈谷坛初建于明永乐年间，后又经历了明清两代数次的改造扩建，方形成今日的建筑格局。

祈谷坛是一座方形砖城，在其东、南、西三面各有三扇拱券式砖门，覆盖着绿琉璃筒瓦。东砖门直通长廊，南砖门通向丹陛桥，出西砖门则是俗称的祈年殿西下坡，西行可至天坛百花园、月季园、百花亭、万寿亭、扇面亭。每年春天西下坡处还可欣赏到天坛内著名的"二月蓝"等野生地被景观。北面有琉璃门三座，覆盖着蓝琉璃筒瓦，门内为皇乾殿。

● 祈年门雪景

1. 祈年殿的变迁

祈年殿是天坛最引人注目的殿宇，其三层洁白的圆形坛面，三重蓝色的琉璃檐顶，金光灿灿的鎏金宝顶，形成层层收缩、直冲云霄的态势，静止中极富动态，时刻散发出一种诱人的神韵。在庄重、典雅的氛围中，整座大殿洋溢着一种和谐之美。

祈年殿，从字面理解即是祈求美好年景的殿宇，清代时它也的确是皇帝用来向上天祈求五谷丰登的大殿，但在明朝祈年殿初建时，其形制、用途均与清代时大相径庭。

祈年殿最初的历史可追溯到明朝的开国皇帝——赫赫有名的草莽帝王朱元璋时期。在封建社会，老百姓对天地、神灵等

● 祈年殿

原属虚幻世界的现象有着无限的崇敬，朱元璋从一介草民最后发展到贵为天子，他坚信这种身份的飞跃是天意使然，因此他对天的崇敬也达到了无以复加的地步。在登基前，朱元璋便建郊坛表达他对上天的感谢，在正式定都南京后，更是大兴土木，在南京城外钟山之南建圜丘，钟山之北建方丘，并亲率文武大臣，冬祭天，夏祭地，年年不辍。

祭祀天地是封建国家的一项重大国事，国家须为之投入大量的精力与财力，即便如此，朱元璋仍对祭祀保持了极大的热情，一直坚持不懈。洪武十年(1377)的秋季，京师地区不断出现灾异，朱元璋斋戒期间也一直阴雨连绵，这种异常的现象令他大生困惑。经过一番认真反省，他得出了自己的结论，认为种种不祥征兆的发生是由于实行天地分祀的结果，天地犹如父母，是不可分而祀之的。随即，朱元璋做出决定，改天地分祀为天地合祀，并定为永制。紧接着，当年八月，朱元璋又下令对南郊圜丘旧址进行改造，在其上加盖屋顶，作为合祀天地之所，并重新定名为大祀殿。

然而，令朱元璋意想不到的是，他刚刚辞世，大明王朝就祸起萧墙，遭受了一次沉重的打击。朱元璋的四子燕王朱棣发动靖难之役，不仅夺了自己侄儿朱允炆的皇位，而且导致其下落不明。朱允炆的去向至今仍为历史上的一个谜案。登上皇帝宝座后的朱棣为了巩固自己来之不易的地位，又策划了一次大规模的行动，那就是迁都北京。当时的北京城地理位置非常险要，而且它又是朱棣的封地，朱棣自然对其有特殊的感情，因此迁都势在必行。

明永乐十八年(1420)，朱棣营建都城北京的工程竣工。与此同时，北京的南郊也赫然立起了一座祭坛，称作天地坛，用以皇帝合祀天地。天地坛仿南京旧制而建，"规制悉如南京，而高敞壮丽过之"。天地坛的中心建筑"大祀殿"即为祈年殿的前

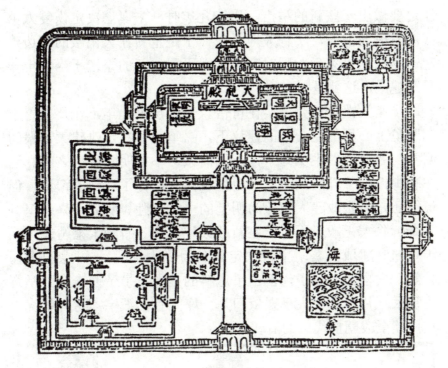

● 旧郊坛总图

身。明初的大祀殿与今日的祈年殿形制迥然不同，为两层檐、四面坡庑殿顶的建筑。

　　永乐皇帝遵从其父朱元璋"人君事天地犹父母，不宜异处"的郊祀思想，在大祀殿举行合祀天地的祭礼。从永乐十九年（1421）春正月甲子永乐皇帝在大祀殿举行第一次天地合祀大典，至明嘉靖九年（1530）正月明世宗朱厚熜在大祀殿最后一次举行天地合祀大典，百余年间共有九位皇帝在此举行天地合祀102次。

　　大祀殿在承载了百余次烦琐的祭祀活动之后，到明嘉靖时期发生了根本性的变化，其功能也随之有了改变。嘉靖皇帝原本是明武宗朱厚照的叔伯弟弟，武宗驾崩，因无后嗣，而被选作继承人。作为一位以藩王世子身份继承大统的皇帝，朱厚熜

注定要做出一些新的举措。嘉靖九年时，朱厚熜决定恢复太祖在南京时的旧制，实行天地分祀，于是重新在大祀殿的南边建起一座祭坛以祭天，同时弃大祀殿不用。新的祭坛于当年十一月即建成，这就是圜丘坛。

一座大殿被荒弃，实在可惜。于是没过几年，在那些善于揣摩皇上心思的臣子们的建议下，嘉靖皇帝决定改建大祀殿为明堂，尊自己的生父为宗，配天而祭，举行明堂大享之礼。这在朝中掀起了轩然大波，朝臣们也为此进行了激烈的辩论，但最终还是主张改建大祀殿为明堂的一派获胜。随后，嘉靖皇帝下令拆除大祀殿，不久一座新殿拔地而起。新殿于嘉靖二十四年（1545）建成，嘉靖皇帝钦定其名为"大享殿"，并亲自书写匾额。大享殿建成了，但出乎意料的是嘉靖皇帝并未在此举行明堂大享礼，结果大享殿依旧是一座闲置的殿宇，这种状况一直持续至改朝换代后的清朝。

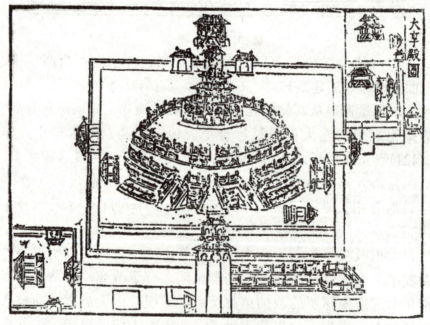

大享殿示意图

清朝建立统治政权之后，承袭明朝旧制，谨遵礼法，入关当年，顺治皇帝便亲至北京南郊祭告天地。清朝诸帝表现之虔诚甚至超过了明朝皇帝，以乾隆皇帝尤甚。史称"（高宗）每岁恭遇南郊大典，必躬必亲，为古帝王所未有"。乾隆时期，国库充实，政治稳定，乾隆帝对祀典非常重视，发动了天坛历史上又一次大的改制，天坛建筑在这个时期得到了大规模的扩建、改建，基本上奠定了今日的格局。

乾隆十六年，因大享殿之名与孟春祈谷的功能不符，乾隆皇帝命改祈谷坛原有的题额"大享殿"为"祈年殿"，意为祈求有好的收成，五谷丰登，并将"大享门"改为"祈年门"。重修祈年殿，将琉璃瓦色由原来的"青、黄、绿"三色改为"纯青"，标志着祈年殿的功能由明朝合祀天神地祇向清朝单纯祈谷于上帝的变化。另外，祈年殿两配殿的绿瓦也改为青色。

祈年殿在历经多次改建之后，无论其结构、形制还是色彩已与最初截然不同。清光绪年间，一场突如其来的灾难使祈年殿遭受了灭顶之灾。光绪十五年（1889），祈年殿遭遇雷击，顷刻间化为灰烬。据《庸盦笔记》记载："光绪十五年八月二十四日寅刻，雷电交作，……霹雳一声，直击祈年殿前所悬之额，碎堕陛上，雷火燃着悬额之楣木。未刻，殿内火起，烟焰从隔扇窗棂冒出，烧着梁柱，其先熊熊如赤红瓦天，守坛官弁鸣锣报警，步军统领发令箭传集官兵及五城坊官水会奔救，殿宇过高，水击不到，虽雨势倾盆，又为琉璃亭顶所隔。……戌刻，祈年殿八十一楹及檀木雕成之朱扉黄座悉灰烬，数十里内光同白昼，香气勃发……夜过半，火势渐衰，至天明乃熄，丹陛上之汉白玉栏杆悉皆炸裂。"大火整整持续了一天一夜，祈年殿瓦木荡然无存，只留有厚厚的灰烬。朝廷对这次祈年殿被毁的事故非常重视，光绪皇帝下诏对所有相关人员进行了严惩，但这些都无济于事，祈年殿已经付之一炬，重要的是如何进行重建，恢复

五谷丰登祈谷坛

祈年殿原貌。

　　光绪十六年（1890），光绪皇帝下令重建祈年殿，但因会典中没有记载祈年殿的详细图纸，给重建工作带来了不少困难。后来经四处访罗，找到一名曾经参与祈年殿修缮的工匠，才有了大致了解，并按照其所讲绘制好图纸。后建造的祈年殿同原殿大体相似，外观上较粗矮些。《天咫偶闻》中有文记载："祈年殿灾一昼一夜始息，诏群臣修省，于是议重建，而会典无图，且不载其崇卑之制，工部无凭斟估，搜之明会典亦不得，乃集工师询之，有曾与小修之役者，知其约略，以其言绘图进呈，制始定。至丙申乃毕工。"祈年殿重建，从光绪十七年（1891）兴工至光绪二十二年（1896）竣工，共用了六年的时间，今日人们看到的祈年殿就是清光绪年间重建的。

● 祈年殿旧照（1953）

祈年殿主要是由三层汉白玉材质圆形基座和上层中心矗立的三层檐的圆形大殿组成。整个建筑所包含的这六个圆形弧线自下而上呈收缩状，一种直冲长空的态势赫然显现。大殿的背后没有任何遮挡物，无任何修饰装扮，只有广阔无垠的天空为其做背景，蓝天白云衬托下的祈年殿显得更加纯净圣洁，仿佛就是传说中天宫里的一座圣殿，人们在欣赏其美丽的同时，不由得会产生一种仙境里畅游的感觉。

祈年殿的三层汉白玉台面均以汉白玉石栏相环绕，石栏上有望柱，每层台面均设有"出水"（古代建筑中专门设计的一种排水设施）。出水、望柱分别雕刻有不同的图饰，最下层望柱以云朵做装饰，出水饰以云纹；中层望柱饰以凤纹，出水饰以凤首；上层石栏望柱则以盘龙做装饰，出水则饰以螭首。这些纹饰反映了鲜明的封建等级制度。

● 祈年殿凤形、龙形、云形出水

● 祈年殿凤纹、龙纹、云纹望柱

祈年殿三层台的东、南、西、北四个方向均设有出陛，即台阶，以艾叶青石铺就。其中南面、北面各设有 3 个台阶口，东、西方向各设有 1 个台阶口，整个台面共有 8 处台阶口。每层台面有 9 层台阶，三层共有 27 层台阶。正南、正北的台阶

五谷丰登祈谷坛

间铺有三帧刻有不同图案的汉白玉石雕。石雕的最下层为山海云纹，中间一层是凤纹，最上面一层为龙纹，龙为天子，自然高高居上，这也是封建等级制度的极好印证。这些石雕雕琢细致而精美，堪称古代石刻艺术宝库中的珍品。

与祈年殿其他方向的台阶相比，正南的台阶更陡、更显垂直，这或许是当日的祭坛设计者们有意为之，特意突显出皇帝在步步登入"天庭"时的不易，从而更好地表达统治者向上天祈祷时的诚意。从祈年殿重建至今，已经历了百余年的蹉跎岁月，这些长条石阶仍能保持完好整齐，当人们的脚步落踏在这浑实厚重的艾叶青石铺成的台阶上时，仍可明显地感受到历史的沧桑与时光的变迁。

当人们登上祈年殿时，一种全新的感受油然而生，那就是面对这座历史上皇帝亲临拜祭的大殿时心中所产生的震撼。

高耸的祈年殿透出一种端庄尊贵的气势，殿顶是三层蓝色琉璃檐，熠熠闪光的金色鎏金宝顶，檐下南向悬挂有九龙华带金匾，匾上为青底金书的"祈年殿"。

● 祈年殿匾额

祈年殿内的结构布局更是独具特色，殿内蕴涵着奇妙数理变化的大柱、殿顶雕琢精美的龙凤藻井以及承载着美妙传说的龙凤石，都是令人产生无限遐想的玄妙之处。

祈年殿朝南三间设门，步入大殿，顿感金碧辉煌，富丽庄重，仿佛置身天上宫阙。

祈年殿内的若干根大柱分为内、中、外三层。当中4根大柱叫龙井柱，柱身饰以沥粉贴金海水江涯西番莲纹，象征春、夏、秋、冬四季。中层12根大柱叫金柱，象征一年的12个月。外层12根大柱为檐柱，象征一天12个时辰，这12根大柱一半裸露在殿外，柱与柱之间为蓝色琉璃槛墙，槛墙上为三抹棱花门窗，涂红漆并饰有龙纹。中外两层相加共24根柱子，象征

● 祈年殿内景

24个节气，加上中间4根大柱共28根，象征周天28星宿。中国古代的人们非常迷信星相，常常根据星相来预测人间的福祸。古人把观测到的恒星分为28组，称作28星宿，通过这些恒星的出没和位置变换来判断季节的变化，以利于农业生产。28根大柱加上柱顶的8根童柱，合计36根，象征36天罡（与长廊72地煞相对）。

甲骨文的"年"字很像一个人把一束成熟的稻谷举在头顶上，寓意着收获。祈年殿的命名及其空间数理变化正体现了古人的"重农"思想。

祈年殿内饰以龙凤和玺彩画，金龙飞舞，彩凤翩翩，典雅庄重，富丽堂皇。大殿地面用艾叶青石铺墁，中心为一圆形大理石，石上墨色纹理天然勾画出龙凤图案，龙纹色深，角、须、爪、尾俱全，凤纹色浅，羽毛、头、尾隐约可见，惟妙惟肖，人称"龙凤石"。殿内环龙凤石都铺以青石，状如扇形，共九重。

与龙凤石相呼应的是祈年殿殿顶中央熠熠生辉的龙凤藻

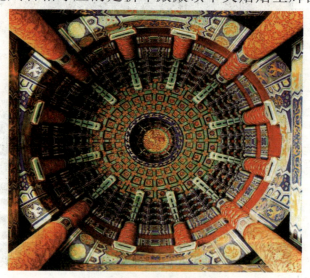

● 龙凤藻井

井。藻井外形随祈年殿平面形状，上、中、下三层皆为圆形，层层收缩，叠落起来形成穹窿，斗栱凭榫卯支于圆穹内壁，正中金色龙凤雕饰，高高突起的龙头和凤首，栩栩如生的龙身和凤羽，衬托出天宇的崇高伟大，具有极强的装饰效果。

2. 花甲门与古稀门

俗语道，"六十花甲子，七十古来稀"。花甲、古稀是民间对人们特定年龄的俗称，而在天坛，却有两座以此命名的门——花甲门和古稀门。花甲门位于丹陛桥北端的西侧，古稀门位于皇乾殿的西墙，它们均为歇山顶，施以琉璃彩绘。这两座门无论在形制上还是称谓上都比不上坛内其他的门类建筑气派和讲究，但是它们却都是奉钦命所建。这里面究竟有什么故事呢？

在清朝，皇帝祭天典仪相当隆重和烦琐。在天坛举行祈谷大典的前一天，皇帝要从紫禁城出发，由大驾卤簿御送，乘玉辇进入天坛祈谷坛门（今天坛西门），经西天门走林间大道行至丹陛桥西侧降辇，然后步行至祈谷坛南砖门，经过祈年门（祈年殿南门）至皇乾殿行拈香礼，然后视牲看牲，阅视坛位、笾豆，所有礼仪行过之后，皇帝出祈年殿西砖门，宿天坛斋宫，虔心静气等待祭祀时刻的到来。祭祀当日，皇帝还要从斋宫出发，乘坐礼舆到达丹陛桥南端西侧，然后步行至祭坛行礼，丹陛桥长达360米，皇帝需一路走来再至坛上行礼，整个过程需要投入不少的精力和体力，若皇帝正值青壮年，尚无大碍，但若年事已高，就会颇感疲惫。

众所周知，乾隆皇帝不仅是历代封建帝王中执政时间最长的一位，也是最长寿的一位，享年89岁，在位60年，所以他亲临天坛祭祀的次数也最多。随着年龄的增长，烦琐的祭祀行

二

五谷丰登祈谷坛

礼使他感到疲惫。乾隆三十七年（1772），他已62岁，到了花甲之年，祭祀行礼时越发感到体力不支。这时，有大臣请求更改繁芜的祭祀仪程，乾隆遂令大臣们进行商议，要求对降辇地点、步行远近等一些无关大体的仪节做出酌定。最后大臣们的商议结果是在祈谷坛的南砖门外新增一门，祭祀时，皇帝就不必从丹陛桥上走过，而是直接从此门进入，然后过祈谷坛南砖门至坛内行礼，此门因此而被称作"花甲门"。自此，乾隆皇帝祭祀时步履的辛劳得以减轻。

● 花甲门

　　但古稀之年接踵而至，相同的问题又再次出现。乾隆四十六年（1781），乾隆皇帝已年逾七旬，71岁高龄的乾隆再次降旨，命另外选择一降辇处，于是就有人建议在皇乾殿西墙开辟一处角门，这样可使御舆停在角门外，即可大大减轻行走之苦。这一建议很快得到了乾隆的批准，不久即降下谕旨，在皇乾殿西墙新设一门，以方便祈谷上香时使用。乾隆曾亲作诗文记其事："降辇西门省步趋，垣中步弗藉人扶。古稀天子蒙天佑，顾我儿孙视此乎。"此门即被称作"古稀门"。在修建这两座门的同时，乾隆也谕告后世子孙，"若未满六旬者，不得路经此门"，古稀门更是"有寿登古稀者，方可出入此门"。

● 古稀门

古稀门自设立以后，在乾隆四十七年（1782）至六十年（1795）的14年间，先后共使用13次。乾隆帝退位后，此门便从此关闭。乾隆以后的皇帝都没有乾隆长寿，除乾隆以外，仅有嘉庆一人走过花甲门，古稀门则无人有幸通过，这也许是乾隆修建之初所没有料到的。

 3. 步步高升丹陛桥

丹陛桥，虽名曰桥，其实它是一条砖石铺成的大道，又称海墁大道。这条大道从成贞门向北一直延伸至祈谷坛南砖门，

二

五谷丰登祈谷坛

长达 360 米，宽 29 米。

从丹陛桥南端北行，会有步步升高的感觉，事实上丹陛桥北端的确比南端高，这正是当初建筑者巧妙设计营造出来的一种"步步登天"的独特氛围，"天"的尽头是祈求五谷丰登的殿宇，世间的凡夫俗子甚至包括"天子"若想到达与天交流、向天祈祷的"天庭"，都必须经由一种特殊的"途径"，而丹陛桥就是在这种指导思想下修建而成的。丹陛桥在设计时，有意使北端比南端高出几米，从而使人在行走的过程中有渐次升高的感觉。

丹陛桥平坦宽阔，桥面的设计中蕴含着鲜明的等级观念，桥面上对行走路径的划分严格而明晰。

丹陛桥桥面共有三条宽窄不一、颜色各异的道路。其中中间一条铺以白石，石面稍稍凸起，路面呈弧形，比东西两侧的路面略高、略宽，这条规格明显较高的路称为神道，是举行祭典时神舆所走之路；东侧为御道，是皇帝所走之道；西侧为王

● 丹陛桥

道，是王公大臣所行之道。

举行祈谷大典时，九五之尊的皇上乘坐神舆，携王公大臣从丹陛桥上行走进入北端的祈谷坛南砖门，开始向上天的祈祷。

丹陛桥原来称作海墁大道，但后来又称"丹陛桥"。"丹陛"又有什么特殊的含义呢？

今日的丹陛桥中段东西两侧均有水泥阶梯，而最初丹陛桥仅西侧有一段阶梯，东侧阶梯为时人所加。古时皇帝祭天是从天坛西天门进入，经西侧石阶上丹陛桥，这段石阶仿佛是丹陛桥的一条臂膀，即为"单臂"，后人遂采用其谐音"丹陛"名之。

丹陛桥明明为一条大道，为什么称之为"桥"呢？这缘起于丹陛桥下横贯的隧道，这是为了把祭天所用的牲畜驱赶至宰牲亭屠宰而专门修建的通道。由于牲畜只要一从此门通过就再无生还可能，所以人称"鬼门关"。这些交叉纵横的通道犹如现代社会的立交桥，因此也有人称丹陛桥为中国最早的立交桥。

● 鬼门关

二

五谷丰登祈谷坛

4. 曲尺七十二长廊

长廊是天坛内游人比较集中的一个场所，位于祈年殿东。在这里，每天京腔京韵不绝于耳，拉二胡、唱京戏等是这里的常景，老北京城的一部分市井风貌在这有限的空间、时间内得到了充分的展现。北神厨、北宰牲亭是祈谷坛的附属建筑，分别位于长廊的拐角处、尽头。槐柏合抱、莲花柏是长廊景区内两株外形奇特的古树，特别是槐柏合抱，其生成更是自然造物的充分体现。七星石位于长廊东南侧的草地上，几块造型独特的奇石也蕴藏着神奇的传说。

长廊呈曲尺形，长273米，联檐通脊，将祈谷坛东砖门与北神厨、北宰牲亭连缀成一体。它始建于明永乐十八年（1420），与祈谷坛属同时期建筑。长廊仿照南京天地坛旧制而

● 长廊

建，初设七十五间，清乾隆十七年（1752）改建后改为七十二间。长廊原有亮窗，设有槛墙，如同房舍式样，北墙南窗，故又称七十二连房。

　　长廊作为连接神厨和宰牲亭的建筑，其建造的目的是为了使宰杀好的祭品在由宰牲亭送往神厨或者祭坛的途中不被雨雪风沙所污，因为无论祭天大典还是祈谷大典均是在寒冬时节举行，而且中国古代礼仪中规定，凡宰牲之所应距祭坛二百步以外，以免宰牲时弥漫的血腥之气玷污了祭坛的圣洁。长廊因为专门用来往坛上送祭品，所以又被称为供菜廊子。

　　古代举行祭祀大典时天色未明，制作好的祭品要从神厨经由长廊送至坛上。当是时，烛光摇曳，风影婆娑，忽明忽暗的长廊内不时地走来行色匆匆传送祭品的人，再加上一片灰暗惨淡的景象，令人不寒而栗，因此长廊七十二连房又被称作"七十二地煞"。

二

五谷丰登祈谷坛

三

风调雨顺圜丘坛

圆丘坛位于天坛南部，距离天坛南门——昭亨门最近，它处于天坛中轴线的最南端，因而成为入南门后游览的第一个景区。在明清历史上，圆丘坛主要用来为皇帝祭天大典提供一系列服务。

圆丘坛内建筑最早建成于明嘉靖九年（1530），乾隆年间曾进行过改建，此后一直用作封建帝王祭天、祈雨的场所。

坛内建筑各具特色，圆丘拥有几近完美的建筑造型和纯洁的建筑色彩，皇穹宇蕴藏着神秘的声学奇观，完整配套的神厨、

● 圆丘

三

风调雨顺圆丘坛

神库等祭天附属建筑则是明清祭祀制度成熟的印证。坛的四周环绕着郁郁葱葱的翠柏，蕴含着勃勃生机，丝毫觉察不出其已历经数百年的沧桑。

1. 天人对越天心石

圜丘坛又称祭天台、拜天台、圜丘台，是天坛最富神韵、建造最为成功的建筑之一。

古时人们认为天为阳，地为阴，圜丘的选址按照古人"阳中之阳"的观念，选在都城的东南方。

明嘉靖九年圜丘修建完毕之后，其完美造型深受嘉靖皇帝的赞许，当年冬至，嘉靖皇帝就在圜丘举行了祭天大典。翌日，嘉靖皇帝在宫中举行了庆功宴。紧接着，参与修建圜丘的人员也都受到了嘉奖与提拔。

初建成的圜丘坛整体呈蓝色，栏板、望柱及坛面砖采用的均是蓝色琉璃构件。到了清乾隆时期，因乾隆皇帝嫌坛面狭窄，祭祀人员进退不便，遂于乾隆十四年（1749）对圜丘进行了扩建、

● 圜丘栏板、望柱

改建，坛面改用京郊房山的艾叶青石，栏板、望柱、出水改用汉白玉石。我们今日看到的圜丘基本上就是乾隆时期改建后的形制。

圜丘的规制寓意颇深，上层坛面中心有一凸起圆石，谓之"天心石"，又称"太极石"。"太极"是中国古代哲学中代表万事万物中至高、至极、绝对、唯一的一个概念，"太极生两仪，两仪生四象，四象生八卦"，以至于万事万物皆由其生，是中国古代玄妙精深的宇宙观的绝好体现。天生万物，而天心石被视作"天"的中心，人们自然认为它有化生万物的神奇力量。

● 天心石

035

事实上天心石确有奇特之处，这就是它神奇的回音现象。人站在天心石上，面向东南或正南方向讲话，不仅声音顿时变得洪亮、清晰，而且耳旁会感受到极强的声音共鸣，如同好多人对着麦克风讲话，而声音却又从后面传来，玄妙万端，仿佛人在与自然对话。

036

这种现象在明嘉靖时期初建圜丘时就已存在。举行祭天大典时，读祝官要在此诵读给皇天上帝的祝词，声音嗡鸣，仿佛与天神交流。这块石遂被命名为"亿兆景从石"，意为皇帝在此祈求皇天上帝佑护，同时，"亿兆"的人们都跟随在皇帝身后，皇帝发出的旨意就是上天的旨意，是天命，所有的人都必须服从。

天心石为什么能产生如此奇特的回音呢？根据科学测试的结果，天心石的位置是圜丘坛的中心点，人站在上面讲话，声音通过空气向四面八方传播，声波经石栏杆和台面的反射汇聚在一起，从而产生洪亮的回声。又因为护栏的高度不同，声波传递出去遇到远近不同的障碍返回的时间不同，因此回音效果好像不止一个人在说话。如果不是站在天心石上讲话，则声音发出后涣散不集中，没有回声。

圜丘规制设计之别具匠心还表现在天心石周围铺设的石块上，石块的数字排列十分巧妙。围绕天心石铺设的扇形石板以9的倍数向外延展，第一重为9块，第二重为18块，直到第九重为81块，上层坛面石板数共计405块（不计天心石），中、下

● 圜丘坛面

层石板各计 1 134 块、1 863 块，均为 9 的倍数。此外，坛面四周的栏板、望柱也都是以 9 的倍数递增。

"9"被视作中国古代"阳"数中最大的数，天是至高无上的，因此"9"又被称作天数。圜丘专用于祭天，其构件全部采用天数，象征九重天，这正体现了古人的精心设计和巧妙安排。

2. 九丈九高望灯杆

在圜丘西南角矗立的一根高大木杆，尤为引人注目。看似普通的一根木杆，在历史上却曾发挥过重要的作用。它还有一个形象的称呼——"望灯杆"。

● 望灯杆

望灯杆初建于明世宗嘉靖九年（1530），当时仅有一根，明崇祯年间增至三根。1914 年袁世凯祭天时对圜丘进行修缮，拆掉了其中损坏严重的两根灯杆，仅留下中间一根。现在大家能看

三

风调雨顺圜丘坛

到的仅剩两座望灯台、一根望灯杆。

望灯杆究竟是为何而建呢？古时祭祀的时间选择在日出前七刻，即凌晨4:15。冬至时分黑夜最长，日出前七刻天色昏暗，偌大圜丘坛的照明问题就显得尤为重要，望灯杆的设置巧妙地解决了这个问题。采用木杆高悬巨大的灯笼，不仅照亮了祭坛，同时也烘托营造出祭天的神秘气氛。

古时的望灯杆采用一种叫作大丝黄的松木制成，灯杆涂以蓝漆，上面饰以红火焰、金蟠龙，杆上安镀金铜顶。据说杆长达9丈9尺9寸，与传说中的天高九重吻合。

望灯杆悬挂的望灯有两米多高，几可容人。它所燃烧的蜡烛是特制而成，称作"蟠龙通宵宝烛"。这种蜡烛高达1米多、径达0.3米，烛身铸有凸龙花纹，属于明清时期"宫蜡"中的珍品。与普通蜡烛相比，它还具有独特的优势，除外形巨大，其燃烧时间还特别长，可从晚6:00持续至翌日凌晨6:00，燃烧时不仅不会熄灭，而且不会流油，也不需剪烛花。

相传圜丘坛内原本并无望灯台，望灯又是怎么出现的呢？这其中还有一个典故。明正德六年（1511），河北文安农民起义军要趁皇帝在天坛祭天时进行偷袭。当时起义军在刘宠、刘宸的领导下，从山东出发，绕过明军在临清的驻军，11月底赶到当时的京南重镇——霸州（今河北省霸州市）。但消息走漏，兵部尚书何鉴得知此事后，连夜赶到紫禁城求见正德皇帝。当时皇上正在后宫饮酒作乐，听到此消息，顿时惊恐万状，慌忙命城中的武官率领将士去把守京师九门，一面又派人连夜到良乡、通州、涿州等地调兵遣将。但明军布防的情况被起义军了解得清清楚楚，因此取消了这次偷袭行动。这次突发事件之后，每逢祭天的时候，正德皇帝总是惶恐不安，就这样提心吊胆地过了好多年，直到嘉靖即位之后，才在修建圜丘坛的同时，加筑了一座望灯台，因此，望灯杆除作照明之用外，还有警示的作用。

3. 传音递声回音壁

回音壁是对皇穹宇四周能产生回音现象的圆形围墙的俗称。皇穹宇，从功能上来讲，就好比是圜丘的仓库。圜丘举行祭天大典时所使用的正位、配位、从位神版平日就储存于此，因此皇穹宇又被形象地称作"天库"。

皇穹宇建成于明嘉靖九年(1530)，初名泰神殿，绿琉璃瓦，重檐，圆攒尖顶。嘉靖十七年(1538)改称皇穹宇，清乾隆十七年(1752)重修，改为今制。穹、宇，都是对天空、宇宙的称谓，古人认为天为圆形，因此皇穹宇建筑也多呈圆形。

● 皇穹宇

回音壁是天坛最著名的具有回音效果的建筑景观。它高约3米，厚约1米，从外观看来并无特殊之处。砌造回音壁所使用的是山东临清城砖，这种砖质地细密，敲之有声，断之无孔，据说是良好的声波反射体，在其间回荡的声波经多重反射能够产生清晰的回声，引起人们的无限好奇。

三

风调雨顺圜丘坛

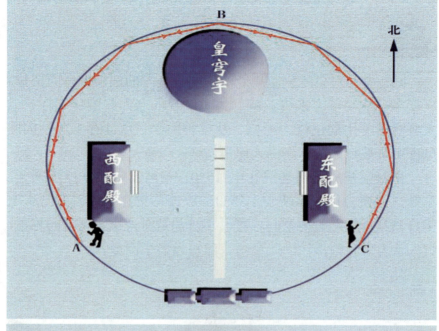

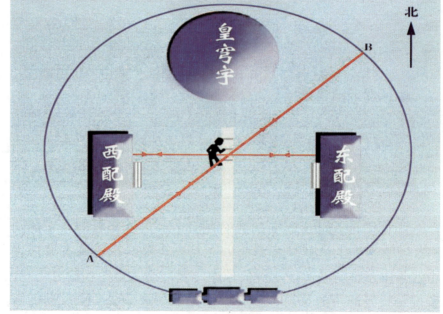

● 回音原理图

回音壁回音效果最好的地点是东、西配殿后，两人分别站在东、西配殿后，贴近圆形墙壁讲话，虽然二者相隔60多米，而且中间还有两座大殿阻隔，却可以清楚地听到彼此的声音。而在一般情况下，即使隔开几米用正常音量说话，也是很难听清楚的。这是由于圆形围墙宛如一个圆筒，再加之墙壁光滑严密，且皇穹宇东、西配殿之间还有正殿的遮挡，声波沿围墙传递时就不易漫散。但是必须注意，说话时要面朝北，这样声音才能传递到东墙，若面朝南讲话，声波在推进的过程中遇到正面的三个琉璃门就会四散，所以面向南讲话是听不到传声的。

早在20世纪50年代，中国就有人对天坛内的声学现象进行过尝试性解释，但直至20世纪90年代，方才获得对各类声学现象的科学解释，当时天坛公园与国内声学研究机构和高校联手进行了多次科学测试，得出了科学可信的回音原理解释——回音是在声波发出后经回音壁圆形墙壁的连续多次反射形成的。

皇穹宇内具有回音现象的还不止回音壁一处，进入皇穹宇，院落正中一条甬路由大小不均的方形石块铺成，这条甬路看似普通，却与回音壁一样能产生奇特的声学现象。

甬路从北向南数第一块石头名为"一音石"，第二块石头名为"二音石"，第三块石头名为"三音石"，这是因为站在"一音石"上击掌可以听到一声回音，站在"二音石"上击掌可以听到两声回音，站在"三音石"上击掌可以听到三声回音。皇穹宇的这三块石头又被称作"三才石"，因为它完全符合中国古代天、地、人三才的观念。"一音石"是"天石"，"二音石"是"地石"，"三音石"是"人石"。人说话就要站在"人石"上，打开殿门说话，是让皇天上帝能够听见，即使窃窃私语，也能产生很大的回声，完全映照了"人间私语，天闻若雷"的说法。

三
风调雨顺圜丘坛

● 三音石

三音石的第一声回声是由皇穹宇大殿甬道两侧的东、西两配殿的墙和墙基反射波叠加形成的，而不是回音壁对声波的反射汇聚形成的。第二、第三声回声才分别是由回音壁对声波的第一次和第二次反射汇聚形成的。

甬道的第十八块石头名为"对话石"，这是因为游人若站在此处，可以清楚地听到来自皇穹宇东、西配殿东北角或西北角的声音。

除了这些著名的回音石外，皇穹宇甬路上的其他石块也能产生回音，只是不易听清楚罢了。这些石头产生回音是人为使然，抑或纯属巧合，今人难以判断，观察甬路上石板的形状，我们或许会感到诧异，原本应该整齐划一的甬路石板为何到这里变成了规则迥异的石板了呢？而且每块石板的交接处正好是回音的界限，由于缺乏确凿的史料予以佐证，因而也无法证明这种回音效果是古人有意制造出来的。

四

虔敬斋戒话斋宫

044

皇帝在天坛举行祭天大典之前，有许多准备工作需要完成。其中皇帝必须亲自参与的一项是进行斋戒。坐落在天坛西南角的斋宫就承担了此功能。

皇帝在祭天大典前几日进行斋戒是一项重要的祀前活动。在斋戒时间内，皇帝要做到不食荤，不饮酒，不听音乐，不与妃子同房，不理刑名，不问疾吊丧，沐浴净身，以示虔敬。在明朝和清前期，皇帝会在天坛斋宫内斋戒三日。到清雍正时期，雍正帝在紫禁城内修建了一座斋宫，祭天前的斋戒就改在宫内

● 斋宫东宫门

进行。到了乾隆皇帝统治时期，他对天坛斋宫进行了改扩建，对斋戒仪程也进行了修改，将斋戒改为宫中斋戒二日，天坛斋宫斋戒一日。

天坛斋宫始建于明永乐十八年（1420），占地面积达 4 万余平方米。斋宫建筑设计巧妙、布局严谨，其建造受到皇帝的极大重视。

斋宫平面布局呈正方形，坐西朝东，面向祭坛，与天坛中轴线上坐北朝南的祈年殿、圜丘等建筑形成鲜明对比，这样皇帝在落榻斋宫之时，才能遥望居于正位的"天"。这种坐西朝东的建筑朝向也使人们不禁感慨，即便是人世间至高至尊的天子，在面对人类的主宰"天"的时候，也要俯首称臣。

斋宫建筑物殿顶均覆以绿色琉璃瓦，而没有使用代表皇帝至高无上尊贵身份的黄色，这也进一步说明皇帝在"天"的面前是谦卑、恭顺的。斋宫内外由两道宫墙、御河将其团团包围，形成了两道严密防线，使其成为一座"回"字形宫城式建筑。

● 御河

斋宫主要建筑有皇帝就寝的寝宫，皇帝举行活动、会见阁僚及百官候驾的无梁殿，皇帝随从侍奉人员休息的随事房，太监及首领太监的典守房、值守房，以及为皇上准备御膳和茶点的点心房、茶果局，为皇帝储存冠袍履带的衣包房等。整个斋宫内有 228 间房屋，结构布局巧妙精致。由于斋宫内各种功能的建筑几乎一应俱全，宛如一座小皇城，以"麻雀虽小，五脏俱全"来形容它也不为过，因此斋宫又有"小皇宫"的美称。斋宫四周满是浓密苍翠的古柏，并有石甬路穿过柏林与舆道相通。

● 斋宫内甬路

无梁殿位于斋宫内宫城正中位置，是斋宫的正殿。无梁殿之得名缘自其独特的建筑结构，它与中国传统建筑手法中多使用木料迥然不同，整座大殿除门窗外，枋椽柱均不使用木料，即使檐下斗拱也以陶砖仿制，内部不用梁柱承重，正是由于大殿无梁无柱，而是砖拱券结构，故称无梁殿，也叫无量殿。无梁殿的这种建筑结构是中国古代建筑技术史上的一大创造，直至15世纪以后才逐渐得到普及。而斋宫无梁殿作为较早应用这种技术的范例，具有极其珍贵的历史价值。虽然整座大殿未施一木，但却有着与木结构建筑极为相似的外观，因而使得游人不易察觉这一特点。清乾隆皇帝曾称之为"翠殿崔巍"，可见无梁殿当年也是风姿绰约。

● 无梁殿

五

钟声磬韵神乐署

在祭祀大典举行之前，相关的备祀人员需要进行严格排练，其中对乐舞生进行祭天音乐和舞蹈训练的场所称作神乐署。神乐署位于斋宫的西南方，是明清时期专门培训乐舞生演习祭祀礼乐的场所，它坐西朝东，现存建筑主要有凝禧殿、显佑殿、署门及群房。

● 神乐署署门

五

钟声磬韵神乐署

神乐署初称神乐观，是明永乐时期建北京天地坛时，仿南京旧制而建。当时的乐舞生多由观中道士充当，演习乐舞，以备祭祀之需，最盛时观中有道士几千人。乐舞生又称敬天童子，明代时选用年少俊秀的道童和公卿子弟，清代时选用年少俊秀的八旗子弟充任。作为当时最高的乐舞学府，朝廷设立专门机构和专职人员随时对祭天乐舞生进行培养和训练。北京各坛庙祭祀的乐舞生，都从神乐署生员中选拔充任。祭典举行前，所有参礼官员均需至神乐署演练。

凝禧殿是神乐署正殿，是礼部太常寺官及乐部执事官生演礼演乐的地方。显佑殿位于凝禧殿西侧，是供奉玄武神及北方七星的殿宇。群房现存 71 间，包括旧通赞房、恪恭堂、正伦堂、侯公堂、穆佾所、昭佾所、掌乐房、协律堂、教师堂、伶伦堂、显礼署、奉祀堂、袍服库等，这些群房联檐通脊，环凝禧殿、显佑殿而设。

● 凝禧殿

● 神乐署门内影壁

神乐署署门旧时气势颇大，东向面对祭坛，门内有巨大影壁，传说端午节摸此壁可以驱五毒，游人纷至沓来，曾盛极一时。

明清时期乐舞生演练的乐舞称为"中和韶乐"，它源于古时帝王在祭祀天地、祖先及朝贺宴享等大典时所用的雅乐，明初加以改组并沿袭之，明洪武年间改称雅乐为"中和韶乐"，清朝沿袭明制，仍称"中和韶乐"。雅乐也称八音乐，这是因为在古乐中使用了金、石、丝、竹、土、木、匏、革八种材质的乐器。

清代中和韶乐，分祭祀乐、朝会乐、宴乐三种，其中用于祭天的中和韶乐规模最大。祭天乐章分为九章，分别为"迎神、奠玉帛、进俎、初献、亚献、终献、撤馔、送神、望燎"，即按祭天礼仪的九项仪程演唱歌舞，歌词表达了对天神的无限歌颂和崇敬之情，舞姿则是对歌词的形体解释，并不复杂，由64人

● 现代天坛祭天乐舞表演

排列成方阵，进退有序，整齐划一，场面隆重壮观。

　　明清时期中和韶乐的乐曲，风格统一，最明显的特点是一字一音。这个时期祭天乐舞已发展成为礼仪陈设，形式庄重，风格典雅，但例行公事，缺乏创作的活力。现在神乐署中和韶乐已成为北京市非物质文化遗产项目，深受游客的喜爱。

六

质朴无华祭天文物

054

天坛现存馆藏文物多为礼器、乐器，是皇帝举行祭天大典时的必需品。天坛祭器多显古朴典雅，崇尚质朴而摒弃了浮华奢靡，风格与祭天的功能特性相符。它们曾服务于封建社会的皇家祭典，专门用于祭祀典礼，可谓经历了天坛风云变幻，见证了封建时代祭祀历史的发展和兴衰。随着朝代的更迭，在它们的身上也发生了许多跌宕起伏的故事。

1. 鎏金编钟

在天坛馆藏文物中，有一件一级文物颇为引人注目，那就是明代鎏金铜编钟。

鎏金铜编钟为明代所制，是明清皇帝在天坛祭祀时使用过的中和韶乐乐器。编钟重 17.5 公斤，形态完美，工艺精湛，鎏金匀称，为国内罕见，是国家馆藏一级文物。这枚编钟曾被八国联军掠走，经历了百年的颠沛流离，最终于 20 世纪 90 年代重返中国，它见证了中华民族由衰弱到强盛的发展历程。

● 鎏金编钟

清光绪二十六年（1900），八国联军侵华期间，英军少校道格拉斯从天坛掠走了这枚明代鎏金编钟，带到了当时的英国殖民地印度，该编钟作为战利品陈放在印度一骑兵团军官俱乐部里。后来服役的印度青年乔希知道这枚编钟的"身世"后，一直想着将该珍贵文物归还原主。

1994年，已成为印度陆军参谋长的乔希上将携带着这枚鎏金编钟率领印度军事代表团访华，郑重地将这份特殊的礼物交到了时任中国人民解放军总参谋长的张万年手中，乔希上将认为，印度不应该保留不属于印度的东西，应物归原主，此次来华让他实现了这一愿望。

天坛的编钟本为一套，共16枚，被八国联军掠走后，现仅此一枚回归中国。据史料记载，1900年八国联军侵占北京，同

六

质朴无华祭天文物

年 8 月 16 日英军侵驻天坛斋宫，各处殿堂被占用，天坛神乐署被辟为兵站。其间天坛斋宫、神乐署、各殿堂及库房被劫掠一空。史料记载，光绪二十七年(1901)十月初九，太常寺呈文内务府："天坛洋兵全撤，业由本寺会同各大臣前往接收，察勘祭器陈设等件多遗失……现存金钟、特磬、编磬，余均失……"
1995 年 4 月 21 日，明代鎏金铜编钟回归天坛移交仪式在天坛公园祈年殿院内举行，结束了它海外近一个世纪的流浪生涯。

天坛明代中和韶乐文物被劫掠后已无库存。编钟为打击乐器，是中和韶乐的主奏乐器之一，计 16 枚，每枚各应律吕顺序排列。这枚回归编钟通体鎏金，精美绝伦，是天坛唯一一件明代中和韶乐乐器，经各方专家鉴定，为国家馆藏一级文物。而其余 15 枚姊妹编钟，至今仍未觅见踪迹，我们也期待它们早日回归，共同奏响响彻云霄、天籁般的中和韶乐。

2. 龙亭

祭天时供奉给各路神灵的供品由专用木亭抬运，因这些木亭上装饰有形态迥异的龙，所以被尊称为龙亭。负责抬运龙亭的人员经过层层选拔，被尊称为奉舁。明朝时是从锦衣卫中拣选，清朝时则是从銮仪卫中挑选。

天坛祭祀使用的龙亭根据其用途可以分为神版龙亭、祝版龙亭、玉帛香龙亭、香炉龙亭以及笾豆龙亭等几种。现在天坛西部的斋宫展室里，摆放有各式各样的龙亭，人们可近距离欣赏龙亭的造型之美。

神版龙亭

古代祭祀供奉神主均使用神版，天坛祭祀设皇天上帝神版、皇帝列祖列宗神版、诸神祇神版。皇天上帝神版收藏于

● 神版龙亭

皇穹宇，清代皇帝列祖列宗神版供奉于太庙，神祇神版收藏于皇穹宇配殿。神版移送均用龙亭盛载，盛载神版的龙亭就称神版亭。

香炉龙亭

香炉龙亭又称五供亭，是天坛各种龙亭中体量最大的一种，亭身多处饰以雕龙，形态极为壮丽。

清朝祀典规定，神版移送过程中，仍要以盘龙宝蜡、瓣香及泥金木灵芝供奉，称为五供。五供分别用香炉、烛台、提尊三种礼器承做。香炉龙亭就是盛载五供的，所以也叫五供亭。

祝版龙亭

古代帝王在祭天典礼上的献词称为祝文。明清皇帝祭天的祝文由翰林院起草。在祭天典礼举行的前一天，起草好的祝文要用红笔恭敬地书写在青纸上，并用长一尺五寸、宽八寸四

六

质朴无华祭天文物

分、厚三分的木板裱饰陈展在紫禁城太和殿。太常寺官员奏请皇帝亲自审阅后，用龙亭盛放，移送到天坛供奉于祭坛上，盛载祝版的龙亭就称祝版亭。

祝版亭在诸多龙亭中制作最为精美，亭身内外雕有 37 条龙，且布满鎏金，使整座龙亭通体呈现金灿灿的光芒。

玉帛香龙亭

古代祭天时，要向皇天上帝奉献苍璧、丝绸和香料，这些物品合称玉帛香，盛载玉帛香的龙亭就称玉帛香龙亭。

3. 铜人亭

在斋宫无梁殿前月台的北侧，有一处高 3 米多的石亭。这石亭方广不足 2.56 米，宝顶四合脊，亭内有石座，今石座上放置有铜人一枚。昔日举行祭祀大典前会在此处摆放铜人，铜人手持斋戒牌，用来警示皇帝要虔心斋戒，故此石亭又被称作斋戒铜人亭。

设置斋戒铜人的做法源自明太祖朱元璋时期，朱元璋认为斋戒期间，人心易浮动有松懈，因此洪武三年(1370)特命礼部铸铜人用以警示，铜人手执牙简，牙简上明白写有致斋期限、目的，以时时警戒斋戒者，此制一直沿袭至清朝。

现在天坛内留存下来的有三尊清代铜人。天坛铜人的制作是否有原型？原型又为何人呢？目前众说纷纭，莫衷一是。这些铜人的共同特点均为立像，戴冠，左手向胸，右手平抬向上，作抱持"斋戒牌"状。脚下有方形底座，以钎插接。但各铜人又有不同之处，一尊为连鬓，一尊为颌下有髯，红唇，这两尊铜人为文官装束，相传分别为明朝乐官冷谦、唐朝著名谏臣魏征。另一尊铜人为宫廷内监打扮，相传为明朝太监刚炳。既然历史上斋戒铜人是用来监督、告诫的，那么铜人必定是刚正不

● 铜人亭内供奉的铜人

阿、直言敢谏之士的化身。唐太宗李世民曾有一段话："以铜为镜，可以正衣冠；以古为镜，可以知兴替；以人为镜，可以明得失。魏征没，朕亡一镜矣。"这段意味深长的话已被后世广泛流传，魏征也成为直言善谏的代表人物，铜人所指为魏征倒也顺理成章。

　　清朝进呈铜人的礼仪基本沿袭明朝，且更加繁复冗长。自雍正皇帝开始，历代皇帝在皇宫内斋戒二日，斋戒铜人都会陪伴在皇帝身旁。第三日，皇帝起驾至天坛斋宫，紫禁城乾清门中门之左前摆放有黄案，由太常寺官员行礼，斋戒牌向南、铜人向西置放其上，行一跪三叩礼，结束后，再将斋戒牌、铜人安放于斋宫无梁殿前铜人亭内正中，铜人南向。祭祀当日礼成后，太常寺官员赴斋宫，撤斋戒铜人，贮于匣内，送缴寺库。

质朴无华祭天文物

七

威仪出行大驾卤簿

古代皇帝在举行祭天祀典时，从宫中出发时要摆列很壮观的仪仗队，以示隆重和天子的威仪，这支仪仗队伍被称为"卤簿"。在魏晋时期（220～420），祭天仪仗名为"大驾卤簿"，明成祖朱棣时更定大驾卤簿制度，规定大驾卤簿专用于皇帝祭天。清朝的卤簿仪制分为四个等级，由高到低分别为大驾卤簿、法驾卤簿、銮驾卤簿、骑驾卤簿。清乾隆十三年（1748），乾隆皇帝钦定，合法驾卤簿、骑驾卤簿、銮驾卤簿为大驾卤簿，专用于天坛祭天大典。乾隆定制的大驾卤簿，使用器皿的丰富程度超过以往历朝历代皇帝的仪仗队伍，参加人员众多，队伍浩大，将帝王仪仗"尊朝廷、彰国彩"的作用发挥得淋漓尽致，充分展现了乾隆好大喜功的性情。

清代皇帝举行祭天大典时，从紫禁城到天坛的大驾卤簿仪仗队伍有万余人，其中车辂、乐队、旗、帜、纛、麾、氅、旌、节、幡等绵延数里，见首不见尾，行进的队仗鼓乐喧天、画角长鸣、幡幢招展、伞盖如云、象鸣马嘶、旌旗猎猎，皇帝端坐于三十六人抬的玉辇之中，在文武百官、守卫护军的前呼后拥下，浩浩荡荡前往天坛。

七

威仪出行大驾卤簿

062

大驾卤簿队仗前列是四头"导象",威武庄严地引导着仪仗队前行。象,力大魁威、性情柔顺,象与"祥"谐音,因此象本身就代表吉祥。

紧随其后的是五头"宝象",宝象背驮"宝瓶",装饰华丽,步态安详,寓意"景象太平"。宝瓶内贮有火绒、火石、火燫,系满洲旧时所需,以示不忘祖先。

宝象头部饰有华美兽头,取意"长寿",身上遍饰盛装的"宝相花",象征圣洁和端庄。象体佩饰珍珠并悬挂各种宝器和法器,取意吉利、幸福如意,象体两侧饰有金龙祥云和福海寿山纹样,它们是权威和尊贵的象征。

宝象后面,是手执静鞭的民尉。

后为大乐,规模不大,乐器多为鼓吹乐。

皇帝大驾卤簿中的"五辂"自古就有重要的地位。"辂"多指帝王所乘之车,五辂分别指革辂(驾四匹马)、木辂(驾六匹马)、象辂(驾八匹马)、金辂(驾一头象)、玉辂(驾一头象)。其后各随民尉数十人,辉煌端重,极具威仪。其中等级最高的为玉辂,古代只有帝王才可享用。明太祖朱元璋曾查古代天子用车制度,认为玉辂太过奢侈,便取消玉辂,使五辂仅存四辂。清乾隆时

● 玉辂

诏命恢复五辂之制，乾隆皇帝还有诗云："辍先考五辂，仪卫肃千官。昭德夫何有？正名蕲所安。"卤簿所到之处无不体现出皇权至上的震慑作用，同时也体现了古人对天和自然的理解与尊崇。

"五辂"之后是一个由 188 人组成的乐队。在去天坛的路上，乐队设而不作。从天坛返回紫禁城时，鼓乐喧天，充满喜悦。

随后是手持引仗、御仗等兵器的队伍，其中有各种仪仗器

● 九龙黄盖

具，如旗、帜、纛、麾、氅、旌、节、幡、伞、盖、扇等，都是用各色织锦云缎制作而成，精美华丽、五彩斑斓，尤以各色龙伞、方伞、妆缎伞、导盖、龙盖、翠华盖为甚。伞与盖没有本质上的区别，但其形制不同、色彩各异，有着"明制度、示等级"的功效，盖只有帝王才有资格享用。在中国古代，"华盖"又泛指天上的星星，"华盖七星，杠九星，如盖有柄下垂……"。

卤簿中的扇主要有单龙扇、双龙扇、鸾凤扇、雉尾扇、孔雀扇、寿扇等。它们各有定制及寓意，如鸾凤扇中绣鸾鸟，鸾鸟为古代传说中类似凤凰的瑞鸟，身披五彩，羽毛华美，"见则天下安宁"。

大驾卤簿中各种旗帜迎风招展、绵延不断。大体上可分为青、黄、赤、白、黑五种颜色，亦各有定制和含义。在中国古代以"五色"配"五行"（金、木、水、火、土），又以"五色"配

"五方"（东、西、南、北、中），土色黄而居中，故以黄色为中央正色。各类旗帜分别代表天地四方、周天星辰、风云雷雨、日月山川、江河湖海以及鸟兽天神等。各种旗帜缎殊五色，各有所表，样式不同，图案各异。如旗中反复出现的金龙纹样，即指皇帝本人是真命天子；同时，龙也是传说中的神兽，而位于南方的"朱鸟"星座，在中国古代也以黄龙代之，这些是"大驾卤簿"旗帜当中的一部分，均在祭天典礼时使用。

大驾卤簿中的旌、幡、幢行进在队仗的中部，它们是不同形制的旗帜。旌，在中国古代早期有识别作用，以后演变成赏罚和权力的象征。如卤簿中的旌有褒功怀远旌、行庆施惠旌、明刑弼教旌、教孝表节旌、进善旌、纳言旌等，它们形制相同，作用不一。

幡是旗帜的一种，呈下垂状，上有半圆形盖，四角垂以佩饰，系于龙头竿上。卤簿中有绛引幡、信幡、龙头竿幡等。绛引幡即为仪仗中的红色引幡，而信幡则是用作符信的旗帜。

幢制与幡制大致相同，只是层数互有区别。

再往后为执兵器的亲军、护军，九龙曲柄黄花盖后则是皇帝乘坐的玉辇。从紫禁城到天坛仅抬玉辇的备班就有十几班，数百人。簇拥皇帝的前有前引十大臣，后有执豹尾枪、佩仪刀及佩弓矢的侍卫，文武百官，太监队伍，侍卫、护军等紧紧跟随，黄龙大纛压后，百官乘马跟随在队伍最后，整个队伍绵延数里。

七

威仪出行大驾卤簿

八

造型各异古树名木

天坛地域广阔，古人为了营造天坛的祭天氛围，种植了大量的树木，这些树木多为松柏，主要栽种于三个历史时期：明永乐时期、明嘉靖时期、清乾隆时期。天坛现存古柏3 562株，主要分布在祈年殿、圜丘四周。大面积的古柏营造出北京市区内罕见的郊野风貌。这些饱经岁月沧桑的古柏不仅见证了天坛几百年的发展历程，也见证了北京城的历史演变。在天坛数千株古柏中，有许多树形奇特、姿态万千的柏树，引得人们驻足观赏。

1. 屈原问天柏

在皇穹宇的西南，有一株枝干造型颇具特点的柏树。20世纪70年代，这棵古柏的一条枝干经过修剪截断，冠叶全无，仅留两根枯枝，一前一后，一扬一垂，状似一位古人，峨冠宽袖，昂首倨然，挥袖指天。1986年，一扬州游客觉其状酷似屈原，因此称其为"屈原问天柏"。无意中造就的一处独特风景，使人觉得颇为有趣。问天柏虽属人为景观，但其逼真的形态，名称含义与天坛祭天文化的暗合，引起游人的无限兴致。

八

造型各异古树名木

068

● 屈原问天柏

2. 九龙柏

　　九龙柏位于皇穹宇围墙外的西北角，它栽植于明嘉靖年间，至今已有 400 余年的历史。此树高逾 10 米，青针翠叶，虬枝铜柯，极古朴苍润。其树干间有纵向褶皱，将树身分为九股，状似九龙缠绕，故称"九龙柏"。

● 九龙柏

3. 迎客松

从"九龙柏"处西行，在成贞门西墙下，有一株树形与众不同的古柏，此树较为粗壮，树干下部有凸起，浑圆如腹，所以有人戏称其为"佛肚柏"。树上有枝横出，如长臂舒展。20世纪70年代，在垣墙间辟出月洞门，恰于横枝之下，平添奇趣。于是又有人称其为迎客松。

● 迎客松

4. 柏抱槐

柏抱槐位于长廊的西侧，因槐树生长在柏树的环抱中而得名。柏树植于明永乐年间，槐树树龄也已过百年。两棵树相互依偎，形成槐柏合抱的景象，令人称奇，而这种现象的产生并

八

造型各异古树名木

● 柏抱槐

非人为，是由于槐树种子偶然被播入柏树之中，自然长成的。

5. 莲花柏

莲花柏位于长廊北侧，其树干基部庞大，纵裂分叉为五枝，状若巨大的莲花，因此得名"莲花柏"。

● 莲花柏

九

结缘天坛的名士

天坛在明清时期是皇家禁地，普通人难以接近，更难以与之发生联系。自1918年天坛作为公园对外开放以后，笼罩在其上空的神秘面纱才逐渐被揭开，天坛也敞开大门，迎接来自四面八方的游客。越来越多的人步入天坛、了解天坛，进而喜爱天坛。在这里陆续发生了许多有影响的事件。天坛也迎接了不少中外知名人士，这些人在游览过程中也发生了许多有趣的事。通过这些人、这些事，天坛的声誉也随之被传播到世界的各个角落，天坛的魅力和影响力得到了广泛的认可。

1. 梁思成、林徽因与天坛

　　著名的建筑学家梁思成、林徽因这一对伉俪在中国建筑史上做出了杰出的贡献。梁思成是中国著名的建筑学家和建筑教育家，梁启超之子。林徽因是中国第一位女性建筑学家，被胡适誉为中国一代才女。这两位中国建筑领域的杰出人物，曾经在天坛留下了忙碌的身影和矫健的步履。

　　天坛作为中国历史上最后一组祭天建筑群，在建筑思想、建筑形式等方面都独树一帜，可谓中国古建筑之精粹，也是研究中国古建筑的珍贵实例。1931年，当梁思成、林徽因开始研究中国古代建筑时，就颇为重视天坛等建筑组群。他们首先选择了北京故宫、天坛等作为调查对象，正是在对一栋栋宫殿的测绘考察中才弄清楚了中国古代建筑的形态。

梁思成认为，北京的古建筑规模宏伟，天坛是杰出代表，他曾谈道："社稷坛、太庙（即现在的中山公园、劳动人民文化宫）和天坛，都是明代首创的宏丽的大建筑组群，尤其是天坛的规模和体形是个杰作。""在色彩的运用上，从古以来，中国的匠师是最大胆和最富有创造性的。咱们就看看北京的故宫、天坛等等建筑吧。白色的台基，大红色的柱子。门窗、墙壁；檐下青绿点金的彩画；金黄的或是翠绿的或是宝蓝的琉璃瓦顶，特别是在秋高气爽、万里无云、阳光灿烂的北京的秋天，配上蔚蓝色的天空做背景。那是每一个初到北京来的人永远不会忘记的印象。"

1934年，北平市政府决定大修祈年殿，由梁思成担任修缮顾问。梁思成、林徽因两人携手来到天坛，对工程进行具体指

● 梁思成、林徽因等于祈年殿顶匾额旁合影

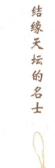

九

结缘天坛的名士

导。1936年，为了实地测量古建筑，他们一起登上了宁静肃穆的天坛祈年殿殿顶。完成了对祈年殿的测量后，两人坐在祈年殿顶的匾额边合影留念。林徽因成为中国历史上第一个踏上皇帝祭天宫殿殿顶的女性。以后梁思成继续参与了天坛神乐署、神库、长廊等建筑的修缮工程，并准备修缮斋宫，但因工程进行中日本发动了侵华战争，工程被迫停止了。

新中国成立后谈到保护古文物与新城市建设的关系时，有人曾说天坛面积太大了，主张只留下祈年殿和圜丘等部分就可以，意思是把天坛古柏全砍了，作为新建筑用地。林徽因说，天坛如果没有了那些郁郁葱葱的古树，青葱肃穆的环境就没有了，天坛整个气氛也就破坏了。正是在林、梁的主张下，天坛才得以完整保留。

林徽因曾描述天坛"有着无比的艺术和历史价值"，"天坛是过去封建主每年祭天和祈祷丰年的地方，这一片苍郁的绿荫，从树林中高高耸出深蓝色的琉璃瓦顶，它是三重檐子的圆形大殿的上部，尖端上闪着涂金宝顶，是祖国一个特殊的建筑物，世界闻名的天坛祈年殿。""这座洁白如雪、重叠三层的圆坛，周围环绕着玲珑像花边般的石刻栏杆，形体是这样地美丽，它永远是个可珍贵的建筑物，点缀在祖国的地面上。"

一位外国建筑师曾经这样描述天坛："中国的建筑都有明确的思想性，天坛是天坛，北海是北海。"梁思成先生认为："我们要求我们的新建筑绝对不是一座座已经造成的坛、庙、宫殿的翻版，而是从它们的传统的艺术造型的基础上发展而来。在发展的过程中，必须剔除其封建性的糟粕，吸收其民主性的精华，且同时吸收外国建筑以及它们的艺术造型中我们用得着的东西。"探求属于中国的建筑是中国文化发展的要求，梁思成先生为我们指明了中国建筑的发展方向，留下了宝贵的精神财富。

2. 基辛格数访天坛

　　美国前国务卿基辛格是当代国际外交史上的风云人物。1971 年他奉尼克松之命，秘密到访中国，为打开封闭多年的中美关系大门立下了汗马功劳。

　　40 多年过去了，基辛格来访中国超过 80 次，中国，这个当年在他眼中"美丽而神秘"的国度，如今已经变得再亲切不过。"中国是我交往最久、最为深入的国家。中国已经成为我生命中非常重要的一部分，中国朋友对我而言意义非凡。"而天坛更是成为他频频光顾的一处重要中华文明古迹。

　　2013 年 6 月 26 日，他携儿媳、孙子第 15 次造访天坛，"多过许多中国人的参观次数"。能够参观天坛多达十余次，这其中必定有人们不解的原因。"中华文明的一个特点是，它似

● 基辛格参观天坛

乎没有起点。"基辛格认为，中国的历史悠久而宏大，正是基于这一点，基辛格对中国历史也产生了浓厚的兴趣，从黄帝到春秋战国，从三国到唐宋，从明清到民国，基辛格对中国文化表现出超乎常人的热爱。从这个意义上来看，天坛正是基辛格博士领悟中华民族历史文化的重要场所。

2013 年 6 月的天坛之行，基辛格一行参观了圜丘、回音壁及祈年殿景区。参观前，基辛格在圜丘南门签字纪念，并写下了 "China is always new and always impressive! "（中国日新月异，令人印象深刻）的留言。参观过程中，导游引导基辛格及其夫人回忆起 2008 年参观天坛的情景，重点介绍了公园的古建、古树及绿化养护情况，并按照基辛格提出的要 "远远遥望祈年殿" 的要求，沿环路绕行祈年殿西下坡、皇乾殿、长廊东口至祈年殿东门，由祈年殿东门进入祈年殿院内仰望祈年殿，让其尽情感受天坛所带给他的宁静。当再次被问及是什么如此吸引他，是否和上次的感受一样的时候，基辛格依旧微笑着回答："是一样的感受，平静、祥和、真实！"离开祈年殿时，基辛格表示："这里真是个神奇的地方，我们还会再来！"原定半小时的参观，延长到一个小时，90 岁高龄的老人依然精神矍铄。

基辛格上一次来天坛，是在 2008 年，北京奥运会开幕式当天。在那一次游览过程中，基辛格不止一次地说："我爱这个地方。"他在留言中写道：一个国家有着伟大的过去，也将永远拥有辉煌的未来。这位叱咤国际政坛的风云人物与天坛的结缘，正是博大精深的中华文明的魅力所系。

3. 霍金畅游天坛

史蒂芬·威廉·霍金，英国剑桥大学应用数学及理论物理学系教授，当代最重要的广义相对论和宇宙论家，是当今享有国际盛誉的伟人之一，被称为在世的最伟大的科学家、"宇宙之王"，还被誉为继爱因斯坦之后世界上最著名的科学思想家和最杰出的理论物理学家。

2006 年 6 月的一天，这位卓越的科学家首次在中国古代帝王祭天的天坛与浩瀚的宇宙进行了"会晤"。

6 月 18 日下午 5 点，霍金教授乘坐的专车抵达天坛公园，这虽是他第三次来北京访问，但参观天坛还是第一次。此次北京之行，是参加在北京举行的"国际弦理论大会"，而参观天坛则是霍金自己提出的要求。霍金听说天坛是中国古代的皇帝祭天的地方，便提出想看看这个神秘的地方。

霍金在工作人员的陪伴下，首先登上圜丘，观看中国皇帝祭天的圣地。由于四周挤满了工作人员和各路记者，霍金被围得水泄不通，根本无法体会到皇帝祭天时万物一览无余的空旷景象，看到此种情形，天坛工作人员示意大家让开道，让其感受一下圜丘坛上空旷的感觉，工作人员先让霍金面朝南，再转

🔴 霍金游天坛

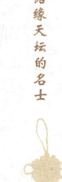

九

结缘天坛的名士

向四周，并绕圜丘一圈，看清圜丘的全貌后，霍金满意地笑了，并且用他的专用语音识别机发出了一个声音：Fabulous。环绕圜丘一周，使霍金感受到中国传统的"天人合一"的哲学思想，仿佛实现了这位宇宙学巨人与天的交流。

霍金教授在天坛参观的第二个景点是祈年殿。在通往祈年殿的丹陛桥上，导游介绍说，东侧的甬路是过去皇帝祭天时走的路，叫"御道"，西侧是王公大臣走的"王道"，而正中间的石板甬道是不允许人走的，是天帝神灵走的"神道"。

当时，导游和助手推着他走在祈年殿前右侧的甬道上，霍金突然示意停下来。他不停地用眼神向身边的女儿示意，"middle"，突然，霍金在键盘上显示这个单词，原来霍金要求走正中的那条主道。当大家把他的轮椅抬到主道上后，刚刚一脸焦急的霍金终于露出了笑容。他真是个天才，他刚刚是发现自己并没有走在整个空间的中轴线上。他对空间的感觉是非常敏锐的。

天坛导游跟他开玩笑说："您现在就是上天了，此刻您有什么感受？"霍金笑着对导游说："I like you."对于导游跟着他四处讲解，以及所有随行人员的辛苦，霍金一再表示谢意。

当日天坛的气温很高，从天坛南门一路走来，霍金需要不时地歇息，这样边走边停，到达祈年殿时，已经是下午7点了，夏日艳阳的余晖映射着祈年殿，异常壮观、美丽。此时的祈年殿前已没有了喧嚣，空无一人，静寂祥和。瘦弱的霍金歪着头，独自坐在夕阳下，背后是金碧辉煌的天坛祈年殿。一个世界上最聪明的头脑，一个在现代与天对话的人，身处中国古代皇帝与天对话的神圣场所，此时在这个绝妙的时空中，他可能正在与上天进行一种奇特的交流吧。

十

天坛景物传说

古老的天坛神秘而庄严，这里的一砖一瓦、一草一木，仿佛都渗透着天地之灵性，坛内的精美建筑、繁盛的草木无不隐含着古人建坛的幽远意蕴。正是因为天坛在古代为禁地，普通百姓无法靠近，从而让它蒙上了一层神秘的面纱，民间也随之流传下来不少有趣的传说。这些传说是臆想或杜撰，任今人去评说，但无论怎样，这些传说都丰富了人们对于天坛的想象，烘托出了天坛建筑的神秘，为天坛增添了无限魅力。

1. 老乞丐与祈年殿

祈年殿最初称作大祀殿，明嘉靖时进行了改建，相传这次改建也有一个有趣的小故事。嘉靖皇帝是位道教徒，他看着方形的大祀殿不顺眼，认为既然天圆地方，就应该重建大祀殿，把它建成圆形大殿，并且在大殿里还要看到天上的二十八星宿、三十六天罡，看到老百姓一年三百六十五天二十四节气中的耕种劳作。负责工程的人这下可急坏了，这么苛刻的要求，如何能完成呢？一天，他来到一个酒馆独自喝闷酒，心想工期就要到了，皇上要的圆形大殿还片瓦未动呢，自己已是死到临头，不如痛痛快快地喝一场，然后一死了之。于是便不管三七二十一，大口大口地喝了起来。正在他喝得几乎酩酊大醉的时候，一个衣衫褴褛的老乞丐来到他面前，祈求道："大人，赏口饭吃吧。"管工的想，反正自己也是要死的人，于是就给老乞丐要了一碗饭，但老乞丐嫌不够，要吃三碗，三碗饭端上来，他又嫌太淡，要加盐，管工的一听，也觉得烦了，连说了三声加盐，就起身东倒西歪地找盐去了。等他找盐回来时，却发现老乞丐已不见了，桌上的三碗饭根本就没吃，而是被整整齐齐地摞成一摞，共三层，筷子也成了小木棍，四根插在饭的中央，外围插有十二根小木棍，再外围还有十二根，而且一层比一层细，管工的这时一下子酒就醒了，想起老乞丐讲的加盐，是啊，这是在暗示要"加檐"，真是天助呀！管工的高兴极了，立刻跑回家，按照刚才老乞丐的指点，做出一个小模型。不久，一座圆形大殿就矗立在了京城南郊。这座大殿有三层檐，殿内中间 4 根大柱代表春、夏、秋、冬四季，外面的 12 根柱子代表一年 12 个月，最外面的 12 根柱子代表一天的 12 个时辰。外面两层柱子共 24 根，代表一年 24 个节气，这 24 根柱子加上中间的 4 根柱子，共 28 根柱子，代表 28 星宿。加上支撑殿顶的 8 根短柱，共 36 根，代表 36 天罡。嘉靖皇帝对新建成的这座大殿非常满意，心想，我在这里，既能看天，又能看地，能与天地共享了，这殿就叫作"大享殿"吧！从此，大享殿就成为皇帝祭祀天地的场所了。

2. 龙凤石的传说

据说，以前祈年殿殿顶藻井上仅有金龙，藻井下面正对着一块有黑色花纹的圆形大理石，大理石上的自然纹路很像一只飞凤，因此，人们都称它为凤石。大享殿建成之后，嘉靖皇帝

082

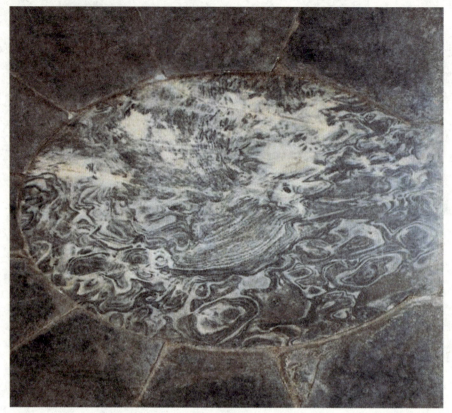

● 龙凤石

当年就在殿内举行了盛大而隆重的祭祀典礼。然而大典结束后，人们却奇怪地发现，凤石的纹路发生了变化，原来的飞凤化作一条腾空的蛟龙与一只玉凤共舞的画面。龙凤呈祥倒是个吉利的征兆，但这到底是怎么回事呢？

相传，大享殿内的这块大理石板当初是从遥远的深山里运来的。深山中有一只修炼千年的玉凤，这只玉凤非常美丽，是百鸟之王。一天，玉凤正隐身在山中的一块黑石中睡觉，却忽然被一阵嘈杂声吵醒，原来是一群人到山里来为皇帝挑选修建天坛的石料，这块石头恰巧被选中运送至天坛，玉凤来不及抽身，也随同石头一起来到了天坛，做了大享殿中的一块跪拜石。

天坛内戒备森严，玉凤根本无法脱身，但它又非常怀念在山里时自由自在的生活，所以，每当夜深人静之时，它总是伤心地哭泣。

再说这跪拜石正对的藻井上的那条金龙，它每日囚在藻井内，非常郁闷。当藏有玉凤的石头被安置在大享殿内时，石头上的玉凤就引起了金龙的注意，每当玉凤暗自哭泣时，金龙就会下来安慰它，相同的遭遇和处境使它们同病相怜。一天夜晚，金龙和玉凤又互相诉苦，说到悲痛处，不禁抱头痛哭，结果哭着哭着，竟不知不觉地睡着了。睡梦中，忽听外面鼓乐喧天，原来皇帝已到天坛祭天来了，金龙、玉凤知道事情不妙，慌忙想逃脱，但已来不及了，随着一声"行跪拜礼"，皇上已双膝跪下，将金龙、玉凤压在了身下，金龙、玉凤紧紧拥抱在一起，化成了石头上美丽的图案。从此，天坛大享殿内便有了这块龙凤石，有关金龙和玉凤的故事也随之传开。

3. 乾隆皇帝与回音壁

关于回音壁，历史上曾流传有很多传说，大都附会皇帝是"真龙天子"，还有传说是乾隆皇帝阅试坛位时无意中发现了回音壁的回音现象。这里有这么个传说：清代的乾隆皇帝是个文韬武略的帝王，在打理朝政的闲暇之余他还热衷于周游全国，遍历大好河山，饱览湖光山色。那年正值万物复苏、百花齐放的春季，一日乾隆下朝后，闲来无事，心中突然涌出到天坛踏青的念头。他想，每年到天坛都时逢冬至交天，满眼的萧凉之状，且随从众多，自己全无四处游看的机会，这次恰逢春意盎然之时，想必天坛内定是一派极好的景象，何不趁机到天坛走一走，欣赏这祭坛的独特春光。说去就去，乾隆立刻行动，仅带九门提督和几名贴身侍卫便直奔天坛而去。

084

　　来到天坛，乾隆皇帝完全被这里的景色吸引了，他颇有兴致地游览了多处。当行至皇穹宇时，乾隆感觉有些倦乏，遂命令随行人员休息。提督为乾隆皇帝拿出了御用金垫，乾隆便在皇穹宇西配殿后的墙根处面向北坐下小憩，九门提督则面南而坐，同时也给皇上当靠背。乾隆帝面对着这磨砖对缝的围墙，琢磨起来，这围墙修得圆圆正正，砖面又滑又平，简直太妙了！正在这时，忽然一阵鸡叫的声音传到乾隆耳边，乾隆感到非常奇怪，这祭坛中平日人迹罕至，怎么会有鸡叫呢！他又仔细听了听，还是有鸡叫声，于是便询问身旁的提督是怎么回事儿，而提督却说并没听见，乾隆纳闷，两人背靠背，自己的确听到了，为什么提督却没听到？他起身去看个究竟，并没发现周围有什么，乾隆下意识地将耳朵贴近墙边，奇怪的是竟然又清清楚楚地听到了鸡叫声。这下子乾隆更诧异了，连忙让提督照他

● 回音壁

的样子将耳朵贴在墙壁上听，果真，提督也真真切切地听到了鸡叫声。于是大家慌忙四处寻找起来，这皇家祭坛中怎能贸然出现鸡叫声，但找了好大一会儿，什么也没找到。乾隆对此并未怪罪，他只是感觉奇怪，为什么耳朵贴近墙就能听见，离开墙壁就听不见，莫非这墙……乾隆又反反复复多次试听，发现面向北耳朵贴墙就能听见，但面向南就什么都听不到。乾隆皇帝在这儿一个人琢磨，提督已命随行侍卫仔细对皇穹宇进行搜查，但并未发现有鸡，正在这时，忽听一名侍卫喊道："蛇！这里有蛇！"原来，他在皇穹宇东墙根处发现一条几尺长的大蛇，这蛇会学鸡叫，别名野鸡脖。这野鸡脖正在大墙根下，头向北、尾向南地爬呢！提督赶上前一看，顿时心惊肉跳，这若惊了驾，自己该当何罪呢？提督心里一阵犯怵，忙吩咐手下将大蛇斩断，乾隆这时走了过来，他已明白所发生的事，但并未惊慌，只是说了声："且慢！"然后信步走到了皇穹宇西墙下，面向北将耳朵贴在墙壁之上；守候在东墙根的侍卫们则挥刀将大蛇腰斩，而乾隆皇帝与此同时也清清楚楚地听到了大蛇的一声惨叫，仿佛就在眼前。乾隆高兴地说："真乃妙哉！此墙能传迂回之音！"接着就命提督站在东墙面向北说话，自己站在西墙面向北贴墙细听，果真清清楚楚地听到了。其他随行人员也纷纷俯墙试听，都觉得不可思议。鉴于这面墙能产生如此奇妙的现象，乾隆有心给墙起个名字，提督建议叫"传声墙"，乾隆不甚满意，心想既然这墙有迂回之音，就叫"回音壁"吧！自此，皇穹宇院落的这组围墙就有了正式的名称——"回音壁"。这就是回音壁名字的由来。

4. 圜丘与小神童

圜丘的建造非常巧妙，让人赞叹不已，而关于圜丘的营建

一直以来流传着一个有趣的传说。

由于明代祭天只是配祀明太祖朱元璋一个神位，因而当时圜丘坛台面直径设计较小。到了清代乾隆皇帝时，配位已增至五位皇帝，另外，祭天时，坛上不仅摆放有大量陈设，而且有许多陪祀人员站立，圜丘坛面就显得拥挤不堪，进退非常不便。针对这种情况，乾隆十五年（1750），乾隆下旨改变圜丘规制，拓展加宽，进行重修。一时间，朝中大臣各抒己见，意见不一。

有位大臣按自己的想法将绘制好的工程图样呈递给了乾隆皇帝。乾隆一看，感觉不错，汉白玉栏杆，圆形台面，营造出的氛围与祭天要求的环境气氛比较一致，颇有庄重肃穆之感。乾隆刚要发话表示同意，他身边的另一名大臣说话了："皇上，古有天数之说，天为阳，地为阴，奇数为阳，偶数为阴，不知这圜丘用砖为阳还是为阴？"乾隆一想，觉得他的这番话也有道理，便说："圜丘从台面到台阶，一律采用阳数。遵旨去办吧。"

进呈图纸的这位大臣领了乾隆的旨令，来到圜丘坛上，左思右忖，却怎么也计算不出这阳数来。一天，乾隆传他上朝，询问工程的进展情况，这大臣无奈，胆战心惊地回答："启禀皇上，请恕臣愚驽，尚未计算出结果，请皇上再宽容三日。"他的话音刚落，上次在皇上身边添油加醋的大臣又说话了："据臣所知，圜丘台已拆毁，用料也已齐备，民工们整日无事可做，且不说坐吃白饭，若耽误了皇上祭天……"话没说完，乾隆顿时火冒三丈，怒喝道："斩！"修建圜丘的这位大臣顿时吓得跪倒在地，不停地磕头求饶，并保证三日之内开工。

一晃三天就要过去，到了第三天的晚上，工地上来了个小乞丐。大家告诉他："我们都是泥菩萨过河，自身难保呢！你还是到别处讨食去吧！"但是这小孩坚持说他有力气，非得留下混口饭吃。大家没办法，只得带他去见负责工事的大臣。

眼见期限将过，自己却还心中没数，此时大臣正一个人躲在屋里喝闷酒呢。他见带来个衣衫褴褛的小乞丐，脏兮兮的，心想事情已到这个地步，着急也没用，于是就拿出食物给这小孩吃，并随口问他姓名、家在哪儿住等。但那孩子狼吞虎咽，只顾低头吃，一言不发，等吃完了，抹抹嘴，但没擦干净，就"嗤"地一下撕下一块破袖头擦起来，擦完后就地一扔，一溜烟地没影儿了。大臣对小乞丐的举动感到非常好奇，低头朝破布上一看，猛然发现破布角上有个"秦"字，待铺平细看，分明是祭台的图样啊！大臣如获至宝，仔细一计算，发现这坛面第一层是9块扇面形砖块，第二层是18块，第三层是27块……第九层正好是81块。这台阶也是9和9的倍数，栏板也是9和9的倍数，正巧都是阳数，真是天助我也呀！这小孩究竟是谁呢？大臣突然想起了破布上的"秦"字，他恍然大悟，肯定是算学家秦九韶大师派神童来帮助自己。大臣顿时笑逐颜开，连夜绘制出了"九九图"，随后顺利地完成了圜丘的修建。这就是圜丘坛与小神童的传说。

5. 益母草的传说

天坛曾以盛产益母草而驰名，益母草夏季开淡红色、白色的花，使用益母草可以熬制出"益母膏"。益母草全身都是宝，其根、茎、花、叶、籽均可入药；其性微寒、味苦辛，是妇科良药，有调经、活血、解毒、去瘀、顺气、益精、明目等功效。明清时天坛内也曾开设药店专售益母膏，生意相当兴隆。

益母草是如何在天坛生根发芽的呢？相传这里还有一个孝女历尽艰辛救母的神话传说。很久以前，天坛还没建成，这里曾是一个村子，村里住着一户人家，有老两口和一个如花似玉

十 天坛景物传说

又勤劳善良的女儿，此女名叫莲花。莲花的爹死后，莲花和老母相依为命，但不幸的是，不久母亲患上了一种奇怪的病，怎么治都不见好转，莲花心急如焚，一心为母亲求治。这时有人为莲花出了一个主意，说有种仙草能治此病，但路途遥远，且充满艰辛，孝敬的莲花坚持要为母亲寻来救命仙草，不顾一切出发上路了。一路上莲花风餐露宿，克服重重困难，又路遇仙人指点，终于到达了长有仙草的地方，顺利地拿回仙草。母亲服用后，病很快就痊愈了。莲花将仙草的种子播撒在村里的土地上，仙草在此生根发芽，茁壮成长，陆续治好了许多人的病。因为这种仙草曾医治好了莲花母亲的病，所以大家都把它叫作益母草。

后来，此处建成了天坛，具有药用价值的益母草也得以保留下来，并成为天坛的一种特色植物。

天坛本是祭祀重地，是一个神圣而庄重的场所，为什么当时朝廷会允许天坛神乐署内开设药店出售益母膏呢？这里相传也有一个小故事。据说明朝时，北京城外的一个村子里住着一个孤儿，他打小就特别喜欢吹笛子，吹奏的笛声优美动听，乡亲们都亲切地称他"笛仙"。笛仙孤苦伶仃，艰难度日。有位好心的邻居可怜他，就告诉笛仙说礼部太常寺要招收一批年轻人到神乐观内学习乐舞，并愿意为他托人情，帮助他进神乐观学习。笛仙高兴地答应了，不久，便如愿以偿地进入神乐观。在神乐观中，笛仙主要学习中和韶乐的演奏，他天资聪颖，勤奋努力，很快就掌握了各种乐器的演奏，但因不善于阿谀奉承，并不被重用。由于他老实，后来被分配了一个看管和绿化观中空地的差事。

因为笛仙为人善良和气，附近的居民就求笛仙放他们进观中采集益母草，给病人治病。但天坛是祭天圣地，是绝对不允许随便进入的，笛仙为了不使大家失望，就常常亲自采集益母草送给需要的百姓。后来，为了给大家提供方便，笛仙又抽工夫将益母草熬制成益母膏，无偿送给那些需要的人们。天坛益母膏于是成为北京城家喻户晓的一剂良药。笛仙的善举很快就传开了。但观中的管事对笛仙的做法却非常不满，他本想制止笛仙，但又突然意识到可以利用笛仙熬制的益母膏牟利，因此这管事就对笛仙说，要在神乐署内专门腾出几间房屋开作药店，起名"济生堂"，专售益母膏，并拨些道童来帮助笛仙，这样也可使百姓获福。笛仙虽然明白管事是想借机自己发财，但转念一想，能让百姓购买到救命药，总算是件造福百姓的事。

不久，济生堂便开张了，生意非常红火，每日顾客盈门，济生堂的名气也越来越大。后来，随着药店生意越做越大，天坛内又相继开了几家专售益母膏的药店，天坛神乐观也随之名气大增。

天坛景物传说

结束语

　　天坛，这座古老的祭坛，以其精美的建筑艺术形式、深厚的文化内涵享誉海内外，每年吸引着数以千万计的中外游客前来参观。人们不仅惊叹于皇家祭坛的典雅大气，也被祈年殿的恢宏壮观、皇穹宇的奇特回音深深折服。或许是其唯美的建筑形式独一无二，或许是其折射出了中华文化的精神内核，天坛祈年殿的形象已成为北京城市的名片，乃至中华文化的符号，越来越多地出现在人们的视野之中。天坛优美的园林环境也为生活在钢筋水泥中的人们提供了休闲游憩的绝佳去处，在此人们可以远离喧嚣烦扰，感受独特的祭坛氛围带来的身心的放松，心灵也能得到净化。为了让这份珍贵的文化遗产久远保存，我们应该为了全人类的利益更好地对其进行保护，让后世子孙的享用更为绵远流长。

中国历史年代表

五帝			约前 2900— 约前 2000	
夏			约前 2070— 前 1600	
商	商前期	前 1600—前 1046	前 1600— 前 1300	
	商后期		前 1300— 前 1046	
周	西周	前 1046—前 256	前 1046— 前 771	
	东周		前 770— 前 256	
	春秋		前 770— 前 476	
	战国		前 475— 前 221	
秦			前 221— 前 206	
汉	西汉	前 206—公元 220	前 206—公元 25	
	东汉		25— 220	
三国	魏	220— 280	220— 265	
	蜀汉		221— 263	
	吴		222— 280	
晋	西晋	265— 420	265— 317	
	东晋		317— 420	
南北朝	南朝	宋	420— 589	420— 589
		齐		479— 502
		梁		502— 557
		陈		557— 589

	北朝	北魏	386－581	386－534
		东魏		534－550
		北齐		550－577
		西魏		535－556
		北周		557－581
隋			581－618	
唐			618－907	
五代		后梁	907－960	907－923
		后唐		923－936
		后晋		936－947
		后汉		947－950
		后周		951－960
宋		北宋	960－1279	960－1127
		南宋		1127－1279
辽			907－1125	
金			1115－1234	
元			1206－1368	
明			1368－1644	
清			1616－1911	
中华民国			1912－1949	
中华人民共和国			1949－	

《中华文明史话》 彩图普及丛书

 文明起源
史话

 黄河史话

 长江史话

 长城史话

 体育史话

 杂技史话

 小说史话

 饮茶史话

 书法史话

 服饰史话

 古塔史话

 西藏宫殿
寺庙史话

 七大古都
史话

 故宫史话

 民居史话

 饮酒史话

 绘画史话

 诗歌史话

 园林史话

 孔庙史话

 武术史话

 戏曲史话

 瓷器史话

 敦煌史话

 陶器史话

 丝绸史话

 汉字史话

 节日史话

 天坛史话

 民族乐器史话

颐和园史话

圆明园史话